李会琴　杨树旺 ⊙ 著

乡村振兴战略下
湖北省旅游扶贫研究

中国旅游出版社

前　言

2020年是我国决战脱贫攻坚的收官之年。在精准扶贫战略实施背景下，中国扶贫攻坚取得了举世瞩目的成就，为世界反贫困事业做出了重要贡献。在"后扶贫"时代，相对贫困依然存在。同时，受自然灾害、市场因素以及重大风险因素（如新冠肺炎疫情）的影响，返贫现象及返贫风险依旧不容忽视。那么，如何促进旅游持续减贫，充分发挥乡村旅游在乡村振兴中的作用，成为当前的重要问题。

旅游业作为综合性产业，旅游扶贫在乡村减贫过程中发挥了积极作用，尤其是在促进"产业兴旺、生态宜居、乡风文明、治理有效、生活富裕"等方面成效显著，乡村旅游是实现乡村振兴的重要途径。湖北省地域广阔，气候分明，面积约为18.59万平方公里，农业基础雄厚，粮、果、花、茶、水产品等资源十分丰富，乡村旅游市场广阔。湖北地处长江流域，水系发达，素有"九省通衢、千湖之省"之称。其所辖的秦巴山区、武陵山区、大别山区等属国家集中连片扶贫开发重点区域，在扶贫攻坚过程中，形成了乡村赏花、景区带动、旅游民宿等多种扶贫模式。在乡村振兴战略下，如何持续推进乡村旅游发展，继续发挥乡村旅游可持续减贫及预防返贫的重要作用，及时总结湖北省乡村旅游扶贫的经验、分析其效果，明确下一阶段乡村旅游促进乡村振兴的方向与任务，是湖北省乡村旅游在新时期需要关注的重要问题之一。

本研究通过分析湖北省乡村旅游资源类型、结构，乡村旅游发展现状，在乡村振兴战略背景下，借鉴国内外乡村旅游促进乡村振兴的典型案例，系统总结湖北省乡村旅游扶贫模式，运用可持续生计理论及DEA等方法客观评价旅游扶贫效果，从农户生计可持续性角度研究乡村旅游对农户生计的转型及可持续减贫的意义。理论上，基于多维贫困理论、可持续生计理论、旅游可持续减贫理论，研究湖北省乡村旅游促进乡村振兴的路径、模式与效果。实践上，运用相关案例研究，对湖北省典型区域乡村旅游减贫进行了分析。因此，本研究丰富了乡村振兴、贫困治理及乡村发展的相关理论，充实了乡村振兴的研究内容。

全书共有8章：

第1章：绪论。主要介绍研究背景、研究意义、研究内容与研究方法。

第2章：国内外乡村旅游扶贫典型案例。主要通过日本、巴西、印度等国外案例及国内袁家村、三瓜公社等乡村旅游减贫的案例，探讨其乡村振兴的做法和启示，为湖北乡村旅游减贫与乡村振兴提供借鉴。

第3章：湖北省乡村旅游资源分析与评价。乡村旅游资源是发展乡村旅游的基础，提出了湖北省乡村旅游资源分类体系，系统梳理了湖北省乡村旅游资源的分类，并从资源开发的角度探讨了湖北省旅游资源促进乡村振兴的路径选择。

第4章：湖北省乡村旅游发展现状。系统梳理了湖北省乡村旅游近年来发展现状与成就，总结发展经验，分析存在问题。

第5章：湖北省乡村旅游扶贫模式。在分析湖北省致贫原因的基础上，提出了湖北省旅游扶贫的主要模式，并结合相关案例对旅游减贫及乡村振兴的做法进行了总结。

第6章：湖北省乡村旅游扶贫效率。主要分析乡村旅游投入产出效率，运用DEA模型，构建乡村旅游扶贫的投入、产出指标，对湖北省地级市旅游扶贫效率进行了横向对比研究和纵向时间序列的研究。以期为湖北省乡村旅游促进乡村振兴提供更好的资源投入决策参考。

第7章：乡村振兴背景下旅游地居民生计转型。运用可持续生计理论，对湖北省相关案例地农户生计转型进行了研究。以武汉市黄陂区、十堰市龙韵村、十堰市樱桃沟村为例，研究了案例地农户生计的转型动力及可持续性，从而提出乡村振兴的路径及发展方向。

第8章：湖北省乡村旅游与乡村振兴的路径与政策优化。从政府、企业、农户三个层次提出乡村振兴的相关对策及策略。

本书研究广泛运用了文献理论梳理、案例分析、实地调研、模型构建等研究方法，具体包括可持续生计分析框架（Sustainable Livelihood Approach, SLA）、参与式农村评估（Participation Rural Approval，PRA）、案例研究（Case Study）、数据包络分析法（Data Envelopment Analysis，DEA）等。

本书在调研过程中，得到了湖北省文化和旅游厅领导的大力支持，为本书提供了丰富的资料和数据；实地调研中，当地文旅部门及村委会领导、村民都给予了大力支持和帮助；旅游管理专业的研究生徐宁、谢雪莲、赵俊洋、陈嫣琳、任红莉、张婷等参与了实地调研、问卷调查、数据分析及资料整理等工作，在此一并表示感谢！在撰写过程中，著者参阅了国内外相关书籍和文献，谨向有关作者致以诚挚的谢意。由于作者水平有限，研究难免存在疏漏、不足或错误之处，恳请广大同行和读者不吝指正！

李会琴

2020 年 9 月

目　录

第1章 绪论

1.1 研究背景

党的十九大报告明确提出实施乡村振兴战略。坚持农业农村优先发展，按照"产业兴旺、生态宜居、乡风文明、治理有效、生活富裕"的总要求，走中国特色社会主义乡村振兴道路，让农业成为有奔头的产业，让农民成为有吸引力的职业，让农村成为安居乐业的美丽家园，这是新时代国家着力解决"三农"问题的重大战略部署。乡村振兴战略对缩小城乡差距、实现城乡统筹发展，重塑城乡关系，促进城乡融合以及深化农业供给侧结构性改革，促进农村农业高质量发展具有重要意义。

乡村旅游作为绿色产业、朝阳产业和文化产业，具有较强的产业发展带动能力，促进农业、服务业、商业等多种业态共同发展，对促进农村产业结构转型，提升农村经济发展，促进农村可持续减贫，提高农民综合素质等具有重要作用。乡村旅游在"产业兴旺、生态宜居、乡风文明、治理有效、生活富裕"等方面均能发挥积极作用，是实现乡村振兴战略的重要抓手，也是贫困地区乡村脱贫致富的有效途径。在贫困地区因地制宜地以"+旅游"或"旅游+"的模式坚持发展乡村旅游，是乡村打赢脱贫攻坚战的重要举措。其优势主要有三点：一是"造血式"扶贫，通过旅游发展带动贫困地区基础设施、公共交通、城乡环境的改善和相关产业的发展，增强贫困地区的自主发展能力；二是"扶智式"扶贫，贫困人口通过在景区的直接或间接就业不断提升个人发展能力，在贫困人口和游客的互动过程中，改善贫困人口的精神面貌、发展信心、认知能力；三是"大众式"扶贫，旅游业发展给贫困地区提供更多就业岗位，带动相关产业发展。这些优势在巩固脱贫成果方面更加突出，在脱贫攻坚战中发挥着更为重要的作用。目前，"三农"问题依然是我国政府工作中的重中之重。乡村旅游扶贫的成功案例表明，加快发展乡村旅游扶贫不仅有利于推动旅游业的高质量发展，同时有利于解决"三农"问题，助推乡村振兴战略的有效实施，打赢脱贫攻坚战。

湖北省地处长江流域，水系发达，素有"九省通衢、千湖之省"之称。湖北省地域广阔，面积约为18.59万平方公里。农业基础雄厚，粮、果、花、茶、水产品等资源十分丰富。湖北省辖区的秦巴山区、武陵山区、大别山区等属国家集中连片扶贫开发区域，在扶贫攻坚过程中，乡村旅游发挥了积极作用，形成了乡村赏花、景区带动、旅游民宿等多种扶贫模式。同时，乡村旅游在促进农业产业结构升级、改善农村居住环境、提升乡村人文环境等方面也发挥了积极作用。据统计，湖北省累计有110万人通过旅游实现脱贫，占全省590万建档立卡贫困人口的18%以上。在乡村振兴战略下，如何持续推进乡村旅游发展，继续发挥乡村旅游可持续减贫及预防返贫的重要作用，及时总结湖北省乡村旅游扶贫的经验，分析其效果，明确下一阶段乡村旅游促进乡村振兴的方向与任务是湖北省乡村旅游在新时期需要关注的重要问题。

1.2 政策背景

1.2.1 国家乡村振兴及旅游扶贫相关政策

随着我国经济的快速发展及"美丽中国""乡村振兴"等战略的实施，休闲农业和乡村旅游市场迅速增长。乡村旅游满足了城市居民日益增长的周边短途休闲度假消费需求，并且成为改善农村居民生活质量的福祉产业。近年来，国家各部委（含国务院、文化和旅游部、原国家旅游局、国家发展和改革委员会、原国土资源部等部门）相继出台了一系列促进乡村发展、扶贫攻坚的相关政策，为乡村振兴及乡村旅游发展提供了十分宝贵的政策机遇（见表1-1）。在兼具生产、生活、生态等多重功能的乡村地区，乡村旅游扶贫可以为贫困户及农村剩余劳动力提供多方增收渠道，提升贫困户的自身竞争能力，增强脱贫内生动力，进一步促进农村产业融合，加速地方经济发展。同时良好的政策环境利于吸引乡村人才回流，促进乡村人才振兴，吸引高素质人才回乡创业。

表1-1 近年来国家乡村振兴、乡村旅游扶贫重要政策梳理

发布时间	国家政策	要　　点
2016年	《贫困地区发展特色产业促进精准脱贫指导意见》	大力发展休闲农业、乡村旅游和森林旅游休闲康养,拓宽贫困户就业增收渠道

发布时间	国家政策	要　点
2016年	《国务院关于印发"十三五"旅游业发展规划的通知》(国发〔2016〕70号)	大力发展乡村旅游,坚持个性化、特色化、市场化发展方向,加大乡村旅游规划指导、市场推广和人才培训力度,促进乡村旅游健康发展
2017年	《农业部办公厅关于推动落实休闲农业和乡村旅游发展政策的通知》	切实提高政策的精准性、指向性和可操作性,推动各项政策落地生根,促进休闲农业和乡村旅游业态多样化、产业集聚化、主体多元化、设施现代化、服务规范化和发展绿色化
2018年	《乡村振兴战略规划(2018—2022年)》	强化乡村振兴制度性供给的重大改革举措,把行之有效的乡村振兴的政策法定化
2018年	《关于促进乡村旅游可持续发展的指导意见》的通知	各地各部门要把乡村旅游可持续、高质量发展作为实施乡村振兴战略的重要举措
2019年	《国务院办公厅关于深入开展消费扶贫助力打赢脱贫攻坚战的指导意见》国办发〔2018〕129号	大力实施消费扶贫,促进贫困人口稳定脱贫和贫困地区产业持续发展
2020年	《中共中央国务院关于抓好"三农"领域重点工作确保如期实现全面小康的意见》(2020年中央一号文件)	加强解决相对贫困问题顶层设计,纳入实施乡村振兴战略统筹安排;坚持农业农村优先发展,强化五级书记抓乡村振兴责任
2020年	《消费扶贫助力决战决胜脱贫攻坚2020年行动方案》的通知(发改振兴〔2020〕415号)	凝聚部门合力组织好产销对接,切实解决扶贫农畜产品滞销问题,多渠道促进对贫困地区旅游服务消费

1.2.2 湖北省乡村振兴及旅游扶贫相关政策

在国家相关部门政策指引下,湖北省及各地市州政府也颁布了旅游扶贫、乡村旅游等相关文件,为湖北省乡村旅游发展、旅游扶贫工作的顺利开展创造良好的政策环境(见表1-2)。

表1-2　湖北省乡村旅游相关政策梳理

发布时间	政　策	要　点
2016年	《湖北省旅游业发展"十三五"规划纲要》鄂政发〔2016〕21号	适应新形势,抢抓新机遇,加大力度,强化措施,努力把旅游业建设成为湖北省战略性支柱产业
2016年	《省人民政府办公厅关于进一步促进旅游投资和消费的实施意见》(鄂政办发〔2016〕38号)	实施旅游基础设施提升计划,改善旅游消费环境;实施旅游投资促进计划,新辟旅游消费市场;实施旅游消费促进计划,培育新的消费热点;实施乡村旅游提升计划,开拓旅游消费空间
2017年	《关于推进农村一二三产业融合发展的实施意见》鄂政办发〔2017〕1号	大力发展以农业体验、采摘、垂钓、游园、餐饮、生态观光休闲等为主题的乡村旅游,重点发展武汉都市农业、宜昌桔都茶乡、恩施民族风情、鄂东四季花木、鄂西北山地生态、江汉平原水乡田园等乡村旅游
2018年	《省扶贫攻坚领导小组关于印发〈湖北省深度贫困地区脱贫攻坚实施方案〉的通知》(鄂扶组发〔2017〕24号)	在深度贫困地区因地制宜地适度开发乡村旅游和特色旅游项目,培育一批"乡村旅游后备箱基地",开展湖北旅游名镇、旅游名村、旅游民宿、高星级农家乐创建活动
2018年	《渝湘黔鄂四省市政协助推武陵山片区旅游产业扶贫合作的湘西共识》	革命老区内优质旅游资源丰富,旅游文化交流频繁,开展旅游产业扶贫,既是脱贫攻坚的重要举措,也是绿色发展、乡村振兴的重要路径
2020年	《湖北省乡村振兴促进条例》	利用乡村生态环境、自然景观、传统文化和乡俗风情等特色资源,丰富乡村旅游产品,提高服务管理水平,提升乡村旅游发展质量和综合效益

1.3 研究意义

1.3.1 理论意义

乡村振兴是我国解决"三农"问题的重要战略,如何通过乡村旅游的发展实现乡村振兴与可持续减贫,做好乡村振兴与精准脱贫攻坚战的有机衔接,是当前乡村发展关注的重要问题。本研究通过分析湖北省乡村旅游发展现状、湖北省乡村旅游资源类型、结构，在乡村振兴战略背景下，借鉴国内外典型案例的经验启示，系统总结湖北省乡村旅游扶贫模式，运用可持续生计理论与DEA等方法客观评价旅游扶贫效果，从农户生计可持续性角度研究乡村旅游对农户生计的转型及可持续减贫的意义，以期为湖北省乡村发展、贫困治理提供有益的政策建议，充实湖北省乡村振兴、乡村旅游发展、乡村旅游可持续减贫等相关研究。从理论上，本研究从多维贫困理论、可持续生计理论、旅游可持续减贫理论研究湖北省乡村旅游促进乡村振兴的路径、模式与效果，并运用相关案例研究的方法，对湖北省典型区域乡村旅游进行了分析，研究丰富了乡村振兴、贫困治理及乡村发展的相关理论，充实了乡村振兴的研究内容。

1.3.2 实践意义

湖北省地域广阔，常住人口近6000万。四季气候分明，水资源十分丰富，农业基础雄厚，乡村旅游资源十分丰富，乡村旅游市场十分广阔。在扶贫攻坚的过程中，乡村旅游发挥了积极作用，成为助力减贫的重要途径。在2020年全面消除贫困后，相对贫困依然存在，返贫压力依旧严峻。在全面实施乡村振兴的战略背景下，如何持续发挥乡村旅游在打造美丽乡村中的作用？如何促进乡村旅游与乡村振兴协调发展？如何从减贫的角度持续评估乡村旅游在乡村振兴中的效果？这些问题是湖北省乡村振兴面临的重要问题。

本研究从乡村旅游扶贫的视角，基于湖北省乡村旅游发展现状、旅游扶贫模式总结、旅游扶贫效果评价及农户生计可持续性等视角，分析湖北省乡村旅游发展的现状、存在问题及发展对策，从乡村振兴的五个要求方面解析乡村旅游促进乡村振兴的模式、途径及相关策略。研究成果对促进湖北省乡村旅游可持续发展、可持续减贫及乡村振兴战略的实施具有重要的实践价值，同时，也可以为其他地区乡村旅游发展及乡村振兴提供决策参考。

1.4 研究方法与技术路线

1.4.1 研究方法

基于理论研究、案例分析、实地调研、模型构建等研究方法，对湖北省乡村旅游扶贫的基础、模式及效果进行系统研究。

1.4.1.1 可持续生计分析框架（SLA）

可持续生计分析框架（Sustainable Livelihood Approach，SLA）是1999年英国国际发展机构DFID提出的。强调以人为本，注重整体效果，分析影响人们生计的众多因素及因素间的关系。可持续生计框架主要由脆弱性背景、生计资本、组织和制度的转变、生计策略以及生计结果组成，是一个螺旋动态的变化过程。本研究借鉴可持续生计理论方法，对湖北省乡村旅游地农户生计可持续性展开研究，分析乡村旅游对农户生计转型、生计策略、生计结果的影响，从微观角度更加客观地评价乡村旅游扶贫效果。

1.4.1.2 参与式农村评估（PRA）

参与式农村评估（Participation Rural Approval，PRA）产生于20世纪70年代，是通过一系列参与式工作技术和技能收集相关信息资料的一种系统的、半结构式的调查研究方法，其核心是研究者与当地人之间相互沟通和对话的过程。通过观察法、关键人物深度访谈法以及调查问卷等相结合的方式，了解和掌握研究区的自然环境、社会经济、文化风俗以及旅游发展情况等信息。在实地调研中，本研究根据PRA，对相关案例地进行了深入的实地调研。包括乡村旅游地农户访谈、相关领导深度访谈、农户生计调查问卷等内容，获取了大量的一手数据，为本研究奠定了坚实的数据基础。

1.4.1.3 案例研究法

案例研究（Case Study），也称为个案研究，是探索难以从所处情景中分离出来的现象时采用的方法，当要研究的现象与其背景难以明确分割时，就需要用到案例研究法。案例研究是一种经验型研究，对于所研究的现象的背景予以控制，也不干预现象变化的进程，通过选择一个或几个案例来说明问题，用收集到的资料分析事件间的逻辑关系，它是不依赖于抽样原理的。本研究主要借鉴了国内外乡村旅游发展相关案例，总结其经验、做法，从而为湖北省乡村旅游发展提供了较好的借鉴。同时，在湖北省武汉市黄陂区（都市乡村休闲区）、秦巴山（湖北十堰）等乡村旅游发展典型区域进行实地调研，分析相关案例，深入研究湖北省乡村旅游扶贫及乡村振兴策略。

1.4.1.4 数据包络分析（DEA）

数据包络分析法（Data Envelopment Analysis，DEA）是以运筹学、数学、

数理经济学和管理科学为基础，研究若干同类多投入、多产出的决策单元（Decision Making Unit，DMU）之间相对有效性和绩效的有效方法。DEA 模型无须进行权重假设，一定程度上排除了主观因素的影响，具有较强的客观性，在旅游效率研究中具有广泛的应用。本研究基于 DEA 方法，探讨湖北省乡村旅游扶贫效率，客观分析旅游扶贫的效果。

1.4.1.5 耦合协调度模型

耦合度就是描述系统或要素彼此相互作用影响的程度。从协调度的角度看，耦合作用和耦合程度决定了系统在达到临界区域时走向何种序与结构，或称决定了系统由无序走向有序的趋势。所谓耦合协调度是指两个或两个以上的系统或运动方式之间通过各种相互作用而彼此影响以至联合起来的现象，是在各子系统间的良性互动下，相互依赖、相互协调、相互促进的动态关联关系。本研究将耦合协调度模型引入农户生计可持续性评价中，构建了基于生态—生计的耦合协调度指标，综合评估乡村旅游对农户生计的影响。

1.4.2 技术路线

乡村振兴战略下湖北省旅游扶贫研究技术路线如图1-1所示。

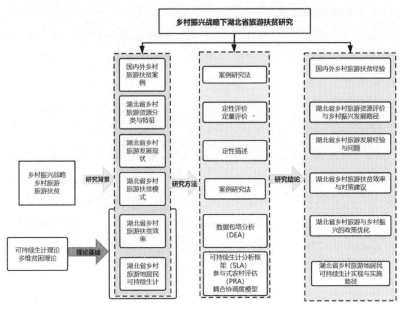

图1-1 乡村振兴战略下湖北省旅游扶贫研究技术路线

第2章　国内外乡村旅游扶贫案例

2.1 国外案例

乡村旅游起源于19世纪中叶的欧洲，工业化与城市化进程的加快及其带来的负面影响，导致城市居民向往宁静的田园生活和美好的乡村环境，乡村旅游应运而生。欧美国家开展乡村旅游的历史已逾百年。在一些发达国家，乡村旅游已具有相当规模，如英国、法国、日本、西班牙、德国、美国等，同时，在发展中国家乡村旅游扶贫也是一种积极的手段，如印度、墨西哥等。当地政府都把乡村旅游作为经济增长、扩大就业、避免农村人口向城市过度流动的重要手段，在资金、政策、人才等方面给予大力支持。许多国家和地区在乡村旅游发展的资源保护、产品开发、管理体系方面，具有较好的经验借鉴。

2.1.1 日本长野县饭田市

2.1.1.1 乡村旅游发展概况

饭田市处于长野县的最南端，位于日本本州的中心位置，当地四季分明，有着优美的环境、丰富的生物资源，农业历史十分悠久。饭田市的村民们充分利用这些资源优势与地理优势，在耕地荒废、农村住宅闲置的情况下，大力发展乡村休闲旅游，建立了南信州观光公社。公社不仅提供观光服务，还提供温泉住宿等服务。

日本长野县地处山区，农业生产活动面临着诸多困难和问题。长期以来，当地经济发展受阻，经济状况不景气。为了改善这一状况，长野县积极探索，最终采纳了日本农林水产省的建议，确立了休闲农业和农村旅游相结合的发展道路，长野县村民在政府的带领下，积极开发旅游资源，使得当地的农业产业逐渐转向生态观光旅游农业的新阶段（见图2-1）。

2.1.1.2 乡村旅游扶贫与乡村振兴的主要做法

（1）开发特色旅游产品。饭田市的村民们非常注重开发特色农业旅游产品，开展了可以体验田园生活乐趣的农业采摘项目，因为生态环境优越，这里产出的农产品有着原始的天然味道，深受广大游客的喜爱。由于属于高原与盆地地形，饭田市同时也有着丰富的天然大牧场，村民们开设了可以供游客游玩的家庭牧场，吸引了大量年轻的游客来到这里观光旅游，了解农产品生产，享受充满乐趣的乡村生活。

（2）充分利用闲置土地，开发特色项目。村民还利用废弃耕地或农舍建设度假休闲农舍，供游客留宿。饭田市还专门规划出了一片市民农园，那些来自城市的游客可以亲自在这里进行农业生产活动，通过增加这里的人口流动来促进消费，拉动农村地区经济，实现乡村振兴。

图2-1　长野县乡村景观

（3）制定利好政策，完善法规体系。饭田市乡村旅游的成功发展与政府合理的政策措施是分不开的。在长野县农业发展初期政府采取了一系列行之有效的措施，如建立完善的农业法规体系、加强旅游基础设施建设、进行广泛的国际交流合作等，这些为当地乡村旅游发展提供了充足的政策保障。

（4）提高当地农户积极参与乡村旅游的热情。日本长野县饭田市之所以能够在多年的农业产业结构调整中获得成功，除了获得政府的大力扶持外，也与村民们的积极参与密切相关。饭田市的村民们作为当地休闲旅游农业的主要参与方，有着很好的自我发展意识，既注重发展重点产业，又努力寻找替代产业和新兴产业。他们积极关注市场动向，打造特色乡村旅游产品品牌，将品牌化与当地乡村旅游发展相结合。正是由于当地村民们积极的参与意识和创新意识，饭田市的乡村旅游发展呈现出一片繁荣景象，既有力地推动了当地经济发展，又促进了当地乡村的振兴与发展。

2.1.2 日本岐阜县白川乡合掌村

2.1.2.1 乡村旅游发展概况

日本岐阜县一直都以"森林与溪流之国"的美称而闻名，位于岐阜县白川乡的合掌村更是有着丰富的木材和水资源。它是一个四面环山、水田纵横、河川流经的安静山村。由于合掌村冬季严寒多雪的气候，合掌村村民的祖先们发挥智慧与才能，创造出了适合当地的独特建筑风格。合掌建筑是指将两个建材合并成叉手三角形状且用稻草芦苇来铺屋顶，其屋顶像是一本打开的书一样，成一个三角形状，适应了当地雪茫的自然条件。同时，合掌屋大多面对着南北方向，其原因是考量白川的风向，减少受风力，且调节日照量，使屋内得以冬暖夏凉。直到现在，合掌村依然保留着古老的合作方式，谁家要更换新的茅草屋顶，大家都会一起帮忙，合掌建筑被称为"结"的力量。对于一些空屋，经过规划、设计，建立了合掌民家园博物馆，用来展示当地的传统农业生产生活情景和用具。并且每个合掌屋前屋后种满花草，形成了合掌建筑与周围自然环境和谐共生的美丽画面，具有很高的审美价值。同时，合掌村还将传统文化融入旅游项目，挖掘祈求神保佑村庄的"浊酒节"，把传统手工插秧、一边唱秧歌一边劳作的方式作为观光项目进行开发，吸引了大批游客前来参观体验。

此外，合掌村还配备了独具特色的商业街，店面装饰充分利用了当地的自然资源，每个店都有自身的主要卖点，充分体现了合掌村落的生态之美。为了满足游客留宿的需要，合掌村开展了现代与传统相结合的民宿项目，并建立可以体验日本乡村旅游的学校。这所乡村学校位于白川乡僻静的山间，来观赏合掌村文化遗产的游客可以来这里住宿、体验和学习，在体验传统乡村文化特有乐趣的同时，游客还学习了保护环境、传承传统文化等内容。白川乡合掌村在1995年被列为世界文化遗产，其在文化遗产传承和保护方面十分成功，当地人创造出的一系列保护措施，使其成了领先世界的乡村旅游景点。如今，这里被称为"日本传统风味十足的美丽乡村"（见图2-2）。

图2-2 合掌村的乡村景观

2.1.2.2 乡村旅游扶贫与乡村振兴的主要做法

（1）保护原生态的特色活动和建筑。合掌村乡村旅游的发展主要依赖于对传统村落建筑的保护，打造了传统建筑的品牌"合掌造民宅"。这种原生态的建筑既适应了当地自然生态环境，又具有原生态美，同时也传承与保护了古老的乡村文化，使得传统文化被保留下来。

（2）农户积极参与，统一管理。合掌村乡村旅游品牌的打造得益于合适的旅游开发政策及当地村民的积极参与。合掌村村民自发组织成立"白川乡合掌村集落自然保护协会"，制定相关制度，如对于旅游开发中的建筑的新增和改造、基础设施的建设，协会都做了具体的规定，这给当地旅游资源的合理开发和利用提供了极大的帮助。

（3）因地制宜，将自然景观和传统建筑有机结合。合掌村的旅游开发将自然景观和传统建筑有机结合，当地人很好地保护了一栋栋当地的特色古建筑——合掌屋，对其合理地利用开发，并与丰田公司合作开办学校，为游客体验大自然提供场所。对现有资源赋予了新的用途和意义，如将空置的合掌屋改建为博物馆，结合现代时尚特点用植物花草装饰家园，在排水、灌溉的沟渠内养鱼从而使沟渠也变成了景观，等等（见图2-3）。

图2-3　白川乡合掌村乡村景观(特色商店、水田及街道)

(4) 将文化融入旅游项目，提高游客参与度。将传统文化融入旅游项目，打造村民广泛参与庆贺的浊酒节，利用节日的趣味性吸引大批游客。同时，结合文创产品设计开发极具文化内涵的旅游商品，将传统民居打造成富有内涵的民宿，丰富了旅游功能。

同时，村庄将传统的农耕文化作为旅游体验项目进行开发，将农民生产、生活与旅游结合起来，促进农业转型发展。在旅游开发过程中，一方面注重旅游特色产品与文化的融合与保护性开发，另一方面也十分注重生态环境的保护，村庄具有十分优良的灌溉水系，清澈的水源缓缓流经整个村庄，也成了当地的旅游景观。

2.1.3 印度的包容性旅游减贫

2.1.3.1 乡村旅游发展概况

近年来，印度政府决定把旅游作为带动经济增长、缩小贫富差距的引擎，明确提出了旨在促进机会均等和贫困人口能够均衡分享发展成果，进而从根本上减少贫困人口的"包容性旅游减贫"战略。经过10多年的实践，印度探索出一些符合本国国情和反贫困需要的包容性旅游减贫方式和做法。

印度乡村旅游景观如图2-4所示。

图 2-4 印度乡村旅游景观

2.1.3.2 乡村旅游扶贫的主要做法

（1）地方政府和公民社会组织协作共赢。在印度国家治理中地方自治政府和公民社会组织具有举足轻重的地位，是印度包容性旅游减贫战略的重要推动力量。体现在以下方面：以立法为保障，确保地方政府与公民社会组织对当地旅游资源的管理权力，并对旅游开发中产生的经济和环境问题进行干预；组建由法律人士、旅游专家、政府官员、当地百姓参加的"功能性委员会"，共同对相关旅游项目的建设组织实施和进行监控；旅游项目实施前，相关建设单位必须得到农村基层组织拥有的经国家林业部门和国家污染控制委员会审核的"无异议开发证书"；针对森林、海洋、湖泊等不同旅游资源开发地区，制定不同的操作指南；组建责任旅游行动实施工作组，地方自治政府成员担任主席，研究制定有关基线、污染管理和本地采购等工作指南；成立森林保护委员会，实施"参与式的森林管理"；授权当地企业负责旅游目的地的产品开发与供应，确保供应及时、质量安全可靠；制订废物处理方案，以废物生产者作为责任主体，保证社区不被污染；编制地方法规，保护当地森林、湖泊、河流等公共自然资源；加强旅游地的基础设施建设，保证水、电、气、公路、水路、铁路等畅通；监督检查相关企业是否侵害劳动者合法权益，严惩违规企业等。

（2）邦政府与地方政府合力建设旅游目的地。邦一级成立的责任旅游委员会主要负责：制订本邦旅游战略发展规划，提供责任旅游项目的发展框架；提供具体的政策和行政指导，使责任旅游具有可操作性；为直接实施责任旅游的下一级单位提供帮助；计划、管理和定期监测责任旅游方案的执行，建设和扩大责任旅游发展平台；为同一领域的合作伙伴和利益相关者提供相关问题的咨询；审查和评价相关旅游企业对各种政策和法规的执行情况；确保责任旅游反馈机制的透明度和问责制的公正性；及时为合作伙伴和利益相关者提供最新信息和行动指南；为邦政府最高决策机构提供直接的政策意见。

旅游目的地的一级政府主要负责：制订监控和管理旅游目的地责任旅游方案和项目实施工作手册；确保决策和行动的有效实施，参与旅游目的地的规划；通过制订详细的和现实的行动计划，协调经济、社会和环境之间的关系；确保责任旅游中各种相关利益主体的权益；支持目的地责任旅游实施单位的专业化管理；确保责任旅游项目实施程序的透明和建立相关工作人员的问责制度等。

（3）推动农民与相关组织积极参与。印度政府采取多种措施促进当地农民脱贫，包括支持农民个体创业，尤其是积极倡导开展有机农业耕种活动，不断提高农民的生产积极性；鼓励农民依托属地资源兴办"农家乐"，积极推出"印度乡村生活体验旅游"活动；通过减免税收、提供政策服务等相关优惠政策，大力发展批发零售、手工艺品制造、餐饮等旅游企业，积极拓展旅游产业链，增加就业机会，改善居民生活状况等。同时，还鼓励各种公益性组织和民间社会组织积极参与责任旅游扶贫工作，以帮助邦政府和地方自治政府更好地行使责任旅游，并监督政府工作人员和企业主行为，确保相关法律法规的有效实施。

2.1.4 墨西哥坎昆

2.1.4.1 乡村旅游发展概况

坎昆原是墨西哥的贫困地区，20世纪70年代初这里还只是仅有2000多名居民的小渔村。当地农民收入微薄，大多数住在用树枝和棕榈叶搭建的茅屋里。1962年，墨西哥联邦政府制订了《国家旅游战略发展规划》。1968年，组织各方面专家对坎昆的自然条件和人文景观以及旅游目标市场等进行论证，明确按旅游和自由贸易区的方向进行规划和开发。1972年，墨西哥政府开始在该岛投资建设旅游区和自由贸易中心。1975年，进行全面规划，并接待游客。现在，坎昆已经成为国际知名旅游胜地，居民近百万人，年接待游客多达四五百万人次，旅游创汇收入占到墨西哥全国的三分之一，成为墨西哥著名国际旅游城市。

2.1.4.2 乡村旅游扶贫的主要做法

（1）深挖稀缺资源，打造特色吸引力。坎昆属于亚热带气候，年均温度在
27℃左右，具备滨海养生度假必需的气候优势和阳光、沙滩、海洋等滨海旅游
开发3S资源。罕见的蛇形岛外形，既有外海围绕，又有内环水域，进一步形成
了独具特色的旅游风光。对这些资源的挖掘利用为坎昆打造世界级旅游度假区
打下了基础。坎昆还进一步挖掘当地最为鲜明的文化符号——玛雅文化，并进
行活化，以丰富和提升度假旅游产品，为坎昆旅游发展提供持续动力。

（2）完善设施服务，建设休闲度假胜地。坎昆拥有里兹卡尔顿、希尔顿、
万豪、凯悦等众多国际知名酒店，其中市区200多家，客房6.7万余间，为游客
休闲度假提供了良好的住宿设施。同时，积极开发旅游娱乐产品，以提供给旅
游者多样化的体验。通过将海滨运动休闲、玛雅文化体验、养生康体等相融
合，并配备主题餐饮、酒吧儿童乐园区、高尔夫球场、水上运动俱乐部等设
施，形成了集观光、游览、运动、购物等为一体的旅游体验中心（见图2-5）。

图2-5 墨西哥坎昆乡村景观

（3）积极发展多种产业，培育旅游产业体系。坎昆依托优质的旅游度假资
源，着力建设高标准的会议展览设施，积极举办具有国际影响力的国际会议和
博览会，积极发展会议会展产业。目前已经形成极具竞争力的国际会议会展品
牌，是"国际会议之都"。坎昆还推出免税政策，积极建设坎昆商业中心，推
动区域商业发展。目前拥有1500多家自由免税商店，从沿街珠宝摊到高档免
税店，各个档次的商业都涵盖其中，为游客提供多样的世界名牌时装、珠宝、
手工艺品等商品。

2.2 国外乡村旅游扶贫与乡村振兴的启示

2.2.1 生态保护优先，树立"绿色发展"的理念

国外乡村旅游扶贫开发十分注重生态环境保护，注重绿色可持续发展。生态环境保护优先是新时期乡村振兴与乡村旅游发展的首要前提，需牢牢树立"绿水青山就是金山银山"的理念。湖北省在发展乡村旅游过程中，需加大宣传力度，包括扶贫政策的宣传、扶贫效果的宣传，让贫困地区居民了解绿色发展的重要性，形成绿色发展共识，牢固树立生态环境保护的观念，践行绿色发展之路。同时加大对游客的宣传教育，形成共同维护绿色、人人注重环保的良好氛围。

2.2.2 发挥政府主导作用，加大乡村旅游开发支持力度

积极引导推动，充分发挥政府的作用也是国外乡村旅游发展成功的经验之一。任何一个地区，在乡村旅游发展的不同阶段，政府都发挥了重要作用。除通过立法促进乡村旅游发展，政府还制定乡村旅游规划，为乡村旅游的发展提供管理、咨询服务，并且提供贷款等资金支持。同时，政府在助力扶贫开发，强化贫困社区和贫困人口的参与、制定财政、税收等方面的优惠政策方面都给予大力支持。

2.2.3 体现乡村特色，融合乡村文化

乡村旅游要体现乡村特色，保持乡村的原汁原味，才能吸引差异化的城市游客，拓展游客资源。许多国家在乡村旅游发展中注重乡村特色的融入，注重与乡村文化的结合，如日本合掌村的传统建筑与村庄传统手工艺相结合，让游客既能参观手工艺品的制造过程，又能亲身体验，对传统文化有了更深的认识。这既是对传统文化的保护与传承，同时也是吸引游客、提升旅游产品质量的重要手段。在文旅融合的背景下，湖北省乡村旅游扶贫开发需充分调动当地居民的主观能动性，结合各地的自然资源特色、传统文化特色，挖掘文化内涵，开发体现乡村特色的旅游产品；保护、挖掘和再造乡村文化资源，为乡村旅游特色化、规模化发展提供多方位支持。

2.2.4 因地制宜，打造品牌化的乡村旅游精品

在品牌打造中，注意突出当地特色，强调"一村一品"或"一户一品"，努力打造乡村旅游精品，避免旅游产品同质化。湖北省在旅游扶贫发展中，可

以在保持乡村特色的基础上，以农产品品牌化为基础，打造品牌化的乡村旅游精品，开发乡村特色美食游、特色乡村景观游、适合研学的乡村生活修学体验游、乡村传统节日文化游等多种类型，并逐步打造成乡村旅游品牌，在农产品品牌打造中带动乡村旅游的发展，在乡村旅游品牌打造中带动农产品的生产和销售，促进乡村、产业、文化等融合发展，最终形成乡村旅游与乡村振兴互相促进的良性循环。

2.2.5 充分发挥特色农业优势，发展生态观光、规模化特色农业景观

农业是乡村旅游的基础，也是融合"农业+旅游"的产业基础。湖北省乡村旅游资源丰富，茶、花、果、稻、鱼等特色农业发展优势明显。武汉江夏薰衣草基地、蔡甸花博汇等在发展赏花经济的同时，还需延伸产业链，促进三产融合发展，扩大品牌影响力。湖北省黄陂、随州、郧县等乡村旅游目的地可以借鉴国外一些乡村旅游扶贫主要做法，以当地特色农产品为媒介，纵向延伸旅游产品的深度，横向上不断拓宽乡村旅游目的地的旅游产品维度。从食、住、行、游、购、娱六方面不断创新乡村旅游产品，打造创意旅游项目，发展多种乡村旅游产业项目和产品。

2.3 国内典型案例

国内乡村旅游发展态势良好，表现出产业规模化、产品多样化的特点，在扶贫开发及促进乡村振兴中发挥了积极作用。首先，乡村旅游的发展为贫困农村提供了更多的就业岗位，拓宽就业渠道，改善贫困地区的生活状况，提高村民的生活水平，使乡村留得住人，避免了乡村"空心化"现象的形成，促进了贫困乡村的经济发展。其次，乡村旅游的发展使独特的乡村文化得以活化，乡村旅游是乡村文化传承和创新的重要途径。同时，乡村旅游发展需要完善基础设施，合理科学地开发乡村旅游资源，从而改善当地的生态环境和村容村貌，提升贫困地区村民的幸福感。

2.3.1 安徽金寨小南京村

2.3.1.1 乡村旅游发展概况

金寨县地处皖西边陲、大别山腹地，是著名的革命老区和将军县，也是全国重点连片扶贫攻坚主战场。小南京村坐落于大别山北麓、长江河、史河其

间，位于金寨县城近郊，总面积15.5平方公里，辖46个村民组，1585户6068人。过去的小南京村，人多，地少而贫瘠，资源十分匮乏，曾是一片穷乡僻壤。小南京村距县城和合武高速公路出口仅8公里，距沪汉蓉高速铁路金寨站20公里，交通十分便利。金寨县以其丰富的生态资源，拥有"国家级生态旅游示范区""大别山滨湖休闲养老养生区""国际低碳时尚水上运动基地"等称号。区域内有众多高品质红色旅游资源及绿色旅游资源。2019年国庆黄金周期间，全县（4A级以上景区）共接待游客64.85万人次，同比增长2.01%；实现旅游综合收入26894万元，同比增长1.52%。出列贫困村50个，7481户、23575人摆脱贫困，贫困发生率降至2.73%，荣获全国脱贫攻坚组织创新奖;我们致力"六稳"，保持了经济发展进中向好。预计生产总值增长8%，财政收入增长30.4%，固定资产投资增长12%，规模工业增加值增长16%，游客接待量、旅游综合收入分别突破1000万人次、40亿元。①

2.3.1.2 乡村旅游扶贫与乡村振兴的主要做法

近年来，该村利用城郊区域优势，借助村企、村校共建平台，坚持"以企带村、以村促企、兴村富民、村企共赢"的理念，大力发展生态观光农业。通过政府引导，群众参与，村企、村校共建，逐步打造成为自然古朴、整洁优雅、宜居宜游、产业发展、市政配套、市场相通、富裕和谐的旅游观光生态村。

金寨小南京村是5A级旅游小镇，环境整洁、设施齐全：这里有花园餐厅、农家乐餐厅、乡村旅馆等接待设施；香油坊、泡菜坊、挂面坊、米酒坊、豆腐坊等传统工艺作坊，可供游客观摩体验；田园超市可用于土特产展示和销售；精品蔬菜种植园与畜禽养殖场可以让游客亲自体验种植、养殖的乐趣；"日月潭"、水车等景观不仅可以让游客进行拍照留念，还可以进行休闲垂钓，别具一番独特的乡村风情。近几年，金寨县紧紧抓住"中国工农红军第一县""两源两地"等一批新的红色品牌，通过举办全国性的征文，理论研讨，深入开展丰富多彩的系列活动，着力打造新品牌、营造新优势、扩大知名度、增强吸引力。

---

① 数据来源于(安徽省)2019年金寨县人民政府工作报告。

2.3.1.3 乡村旅游发展成效

小南京村是金寨打造新能源扶贫示范县发展战略和"三色"旅游新名片的重要组成部分，也是大别山集中连片扶贫开发示范区的缩影，更是辐射全县、带动周边的重要经济跳板。2014年确定为省级美丽乡村示范村，2015年荣获"中国乡村旅游模范村""安徽省级卫生村"，并成功争创为"国家AAAA级乡村旅游扶贫示范区"景区，2016年被农业部授予"中国美丽休闲乡村"。2019年全县共接待各类游客1206万人次、创综合收入46亿元，分别比2016年的754万人次、30亿元增长70%和50%以上。据测算，四年来，全县有20多万人直接或间接地分享了发展红色旅游带来的红利。到2019年年底，金寨县仅仅剩下贫困人口1039户、1846人，贫困发生率下降至0.31%。2020年4月29日，经安徽省人民政府批准，金寨县正式甩掉"穷帽"、退出贫困县序列。

小南京村在发展乡村旅游过程中，牢牢抓住生态工程、产业工程、文化工程谋划乡村振兴。生态扶贫是将生态环保理念融入乡村振兴的客观所需、农民所盼，是贫困人口实现脱贫目标的重要保障，是推进美丽乡村建设的重要抓手。小南京村积极发展生态农业，打造猕猴桃、草莓生态采摘园，龙虾、螃蟹等生态养殖园，延长特色生态产品产业链，并立足于乡村生态生物资源合理开发，积极推进农业节水、生活垃圾合理回收、科学使用化肥等措施，大力发展现代集约农业。同时，小南京村聚焦产业工程，大力发展乡村旅游业，利用农村田园风光、山水资源和乡村文化，构建现代化农村产业体系，推动二、三产业有机融合。此外，小南京村植根文化工程，树立文明乡风，积极培育特色文化，挖掘传统农耕文化、山水文化，建设特色传统农耕文化展示馆等，积极组织开展能够让贫困群众参与的文化活动；并全面推行村务公开制度，加强法制教育，帮助贫困群众形成自立自强、争先脱贫的良好精神风貌，为乡村振兴战略全面实施夯实群众基础。

2.3.2 河北涞水县野三坡

2.3.2.1 乡村旅游发展概况

涞水县位于河北省中部偏西，拥有世界地质公园、国家5A级旅游景区、国家森林公园等丰富的旅游资源。在野三坡520平方公里范围内，大自然鬼斧神工，造就了百里峡、白草畔、鱼谷洞、龙门天关、拒马河、金华山六大景区

80多个景点。同时，该县也是燕山—太行山集中连片特困地区县、环首都扶贫攻坚示范区重点县。截至2019年年底，全年建档立卡未脱贫人口减至677人，贫困发生率0.23%；3个贫困村如期脱贫出列。

2.3.2.2 乡村旅游扶贫的主要做法

首先，涞水县在精准识别贫困人口及贫困村、夯实发展旅游软硬件基础设施的同时，大力推行"景区带村、能人带户"的旅游扶贫模式，立足区域自身优势，整合境域资源，规划顶层设计，整体布局。重点从"景区带村"和"能人带户"两方面入手，扎实推进旅游扶贫工作。一方面，把旅游扶贫试点村纳入智慧景区系统，与核心景区统一管理、统一推介、统一营销。另一方面，把公司企业法人、回乡创业人员、先富群体、党员等作为带动贫困户脱贫的中坚力量，实现精准到户的帮扶。因村制宜，一村一品，突出特色，差异竞争。真正做到把贫困群众组织起来、把贫困村带动起来、把利益联结机制建立起来、把文化特色弘扬起来，带领贫困群众走上致富的道路（见图2-6）。

图2-6　涞水县乡村旅游景观

其次，涞水县的旅游精准扶贫由当地政府部门、社会资本和贫困家庭共同努力进行，构建平台、强化资金、多方联动。从顶层设计着手，由政府统筹使用扶贫和美丽乡村建设资金，扶持33个试点村每村规划建设扶贫农业观光园、扶贫生态停车场、扶贫经营一条街，作为村级旅游收益平台。各村成立旅游合作社，贫困人口全部入社，政府投入转化为贫困人口股权，贫困群众享受股权收益；按照"政府主导、市场化运作"原则，多方筹措资金，助推乡村旅游发展，引入社会资本，加大金融对创新项目的建设力度，有力促进旅游产业提质增效，带动周边区域发展，引导区域产业提档升级；引导农户自立合作服务社，设置村互助金，鼓励试点村村民以不动产或自有资金加入合作社，开设宾馆饭店、农家院，自主解决创业就业难题，让当地贫困群众既是主人更是老板。

2.3.2.3 乡村旅游开发成效

2012年前土地贫瘠、交通落后、信息闭塞，群众生活贫困不堪的涞水县，通过五年扶贫工作的精准着力，把山区劣势迅速转变成了旅游产业优势，并在扶贫攻坚战中成绩斐然。截至2019年年底，旅游扶贫实现与贫困户利益深度联结；8个山桃核加工扶贫车间建成投产，带动贫困人口就业84人。通过产业扶贫让群众致富、村集体有稳定收入是乡村振兴与精准扶贫的重要衔接点，涞水县在发展产业过程中制定的"政府主导、供销社引领、市场化运作、贫困户参与"的产业扶贫新思路，并采用的多种产业模式，形成了户有致富项目、村有致富产业、乡促产业连片的发展格局，真正做到了产业扶贫的因地制宜。此外，教育扶贫是实现农户生活富裕、推进乡村振兴的基础。教育既是脱贫致富的根本之策，也是实施乡村振兴奠定坚实的人才根基。涞水县多次组织村民前往周边省市地区学习调研，深入了解各地现代农业发展及技术要领，增强村民经营管理理念，从而确保贫困群众掌握脱贫致富的"一技之长"。

2.3.3 陕西袁家村

2.3.3.1 乡村旅游发展概况

礼泉县袁家村地处中国陕西关中平原腹地，地势形态呈东南低、西北高，地貌由南部台塬区和北部丘陵沟壑区两部分构成。目前，全村现拥有农户64户，村民近300人，全村总面积800亩。该村依托颇为丰富的旅游资源，自2007年始在村领导的带领下，以绿色环保、生态、可持续为发展理念，大力发展第三产业，创建民俗体验、民风体验一条街，并通过关中民俗区和农家乐构成了以昭陵博物馆、唐肃宗建陵石刻等历史文化资源为核心的点、线、带、圈为一体的旅游体系，集中向游客展现了自明清以来关中地区农村生活的演变。并再现传统关中建筑风格的步行街，将关中民间作坊的传统制作工艺，活灵活现地展现给游客。最终，形成了"党支部+合作社+乡村旅游"的新型集体经济组织模式，和以乡村旅游为出发点，以三产带二产促一产的经济发展模式。

2.3.3.2 乡村旅游扶贫与乡村振兴的主要做法

袁家村乡村旅游扶贫模式采取"党支部+合作社+乡村旅游"的方式，通过公司带动、投资入股、创业平台、就业岗位四种脱贫路径，把周边村200户611名贫困群众镶嵌在旅游业链条上，形成"一村带十村"效应，通过联手公司保底、让利投资入股、搭建创业平台、拓展就业岗位四条路径，助力当地群众走共同富裕之路（见图2-7）。

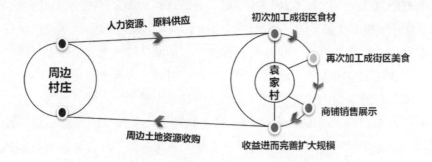

图2-7　袁家村与周边村庄资源整合图

袁家村开创的六个第一：第一个创建农民创业平台，让农民真正成为经营主体，并用股份合作的方式调节收入分配，实现全体村民的共同富裕。第一个不依赖先天独有资源和外来资本，而是完全通过自主创新打造出特色小镇三产融合发展的商业模式。第一个不依赖专业人士和机构，自主发展乡村旅游，颠覆和改写传统教科书对乡村旅游的定义和范式。第一个有组织、有计划、有步骤地带领农民进城创业，把农民培养成老板和合伙人，从而改变了长期以来农民进城自发、分散和揽活打工的方式和性质。第一个以村集体为单位，用自己的品牌和模式与地方政府和大型企业对等合作，共同开发市场，实现全国布局，跨省发展。第一个通过自我研究，总结自身发展经验，定义袁家村模式，并对外输出智力成果，独立开展培训、咨询、策划和设计业务。

2.3.3.3 乡村旅游主要成效

在短短10年间实现本村62户286人脱贫致富，解决3000以上农民就业问题，间接带动周边就业人员近万人。在2019年袁家村接待游客超580万人次，旅游总收入超10亿元，村民年人均纯收入超10万元。总的来说，袁家村通过它的 IP——以村民为主体重建的关中乡村生活，以此为吸引核心构建了都市人对关中"乡愁、民俗、人情"的体验与期待，并在此基础上，以股份合作方式解决村民收入分配问题，开创了中国村农商联盟的合伙关系，最终成就了如今袁家村的超级 IP。

产业兴旺是乡村振兴的重点，是增强广大农民获得感、幸福感、安全感的坚实支撑。袁家村依靠乡村内在力量，创新产业发展模式，将门票经济转为消费经济，从旅游消费转变为休闲消费，把这种新动态转化为实实在在的产品。治理有效是乡村振兴的基础，基层党组织是实现乡村治理有效的组织保障。袁家村在乡村旅游发展的过程中，通过基层党建把带头人个人的作用转化为组织的作用，通过村党支部、村委会、村集体经济组织等形成了"传帮带"和集体分工协作机制，使袁家村整个项目的建设和发展有了制度化的保障和团队性的支撑。生活富裕是乡村振兴的根本。袁家村在发展旅游时牢牢遵守利益共享原则，尊重农民意愿，保护农民利益。袁家村很多项目均由村民集资入股，最后实施利益分成，在袁家村品牌走出去之后，村民仍能从中获得利益，真正做到了"大河有水小河满"的效果。

2.3.4　安徽巢湖三瓜公社

2.3.4.1　乡村旅游发展概况

三瓜公社位于安徽巢湖经济开发区半汤，该区域拥有我国四大古温泉之一的半汤温泉，自古以来被誉为"九福之地"。三瓜公社以"把农村建设得更像农村"为设计理念，以"整旧如故，体验其真"为规划理念，以"互联网+三农"的实施来探索一、二、三产融合，农旅、商旅、文旅"三旅"结合，重塑生态、重塑产业、重塑农民，形成了融合休闲农业发展和美丽乡村建设的新模式，走新型城镇化和生态绿色发展之路。三瓜公社按照"一村一品"和"一户一特"的思路进行产业规划，重点打造了南瓜电商村、冬瓜民俗村、西瓜美食村，形成了涵盖休闲农业、乡村旅游、农村电商、民俗文化、农特产品种养、生产加工、物流、餐饮住宿等多种业态的产业集聚融合发展区。项目地成立以来，当地村民经济收入节节攀升，村集体经济得到大力发展和稳步增长，带动了周边共计 12 个村庄的发展建设，乡村旅游可持续减贫效果明显。

2.3.4.2 乡村旅游扶贫与乡村振兴的主要做法

（1）"互联网+农民"，让农民更富裕。打造乡创和农创两大特色双创基地，支持和引导外地人入乡、城里人返乡以及大学生回乡就业、创业，并成立"半汤商学院""电商培训中心"为创业妇女、大学生、返乡农民工等提供创业辅导及培训，帮助创客们在基地内利用互联网开展农产品电子商务活动。通过乡创、农创基地，培育创业人才和孵化创业实体，吸引当地年轻人回乡创业、就业。同时，该地积极鼓励村民参与到景区建设、运营、旅游纪念品生产、加工各个环节当中。为了解决项目落户前村里土地闲置、土地资源浪费的现状，三瓜公社与农民成立了花生、食用菌、养殖、瓜果四大产业合作社，合作社打破传统的运作模式，将种植、养殖、生产、线上线下交易、物流等环节融为一体，使产品产量、价格得到提高，农民的积极性得到激发，参与性也更加热情高涨。与此同时，合作社优先吸收贫困户，通过"合作社+农户"实施精准扶贫。

（2）"互联网+农村"，让农村更美好。最初三瓜公社所在村庄原本是人口老龄化较严重的空心村，三瓜公社按照"把农村建设得更像农村"为建设理念，在空心的贫困村进行乡村修复，不拆房子不砍树，保持村庄肌理、保护原有农田，对荒地、山地、林地进行复垦，对水系进行修复。将村庄和田野打造成诗意栖居、宜游宜业的家园乐园，让村庄、河流、田野、山林每一处每一点都成为可游玩可体验的点，充分展示乡村自然人文特色，吸引更多的游客来休闲体验。然后通过手工艺作坊的恢复，龙灯、花灯、半汤烤茶等民俗民艺的挖掘，民俗博物馆的展览展示，打造具有历史记忆和地域特色的古村落，展现了复兴古半汤村落风采。最后小镇为了提升该地的软件建设，营造建设更加有利于就业和创业的环境，推动互联网与农村的融合，打造"互联网示范村""安徽电商第一镇"。目前已有的互联网平台包括"三瓜公社"官方旗舰店、淘宝、京东、苏宁、抖音、携程以及甲骨文科技等。

（3）"互联网+农业"，让农业更合理。小镇将山地水系打造为旅游景点，围绕两枣农场、四季瓜果、五谷农业等，打造出休闲农业带、观光农业带、体验农业带三大农业带，所有农作物的种植都围绕可观赏、可体验来选择。并对当地农特产品进行开发，成立了以花生、食用菌、养殖、瓜果四大专业合作社为主的多个农民专业合作社，围绕农产品种植养殖标准化打造绿色生态的农产品种植养殖区，然后引导农民或农产品加工企业按照标准对农产品进行初级加工。除此之外，还开辟出冷泉鱼、温泉鸡、半汤烤茶、山泉花生、山泉玉米等30多个电商产业基地。三瓜公社充分发挥龙头企业的示范与引领作用，以合作社为纽带，将农户种养、生产加工和电商销售有机整合。合作社与互联网电商的结合打破了传统的运作模式，将农特产品种植、养殖、生产、线上线下交易、物流等环节融为一体，实现了第一、二、三产业的融合发展，使当地农特产品附加值得到大幅度提高，激发当地农民的参与积极性。

2.3.4.3 乡村旅游成效

如今三瓜公社已有1000多户社员，2015年，社员人均增收3万元以上，村级集体经济增长34%。截至2019年，三瓜公社四大产业合作社已发展社员1000多户，带动了周边11个村落农民共同致富。三瓜公社通过"互联网+三农"措施，积极探索农村电商、农旅结合、乡村建设的休闲农业发展和美丽乡村建设新模式，走出了一条乡村振兴的绿色发展道路。三瓜公社以电子商务驱动三产融合，逐步形成互联网产业集聚区，走集约化农村电商之路，正利用产业兴旺带动乡村振兴。同时，三瓜公社坚持"把农村建设得更像农村"的设计理念，努力还原乡村风貌，保持乡村特色，修复传统，修复生态，让乡村与生活相随，农耕与自然相容，真正实现望得见青山、看得见绿水、记得住乡愁。此外，三瓜公社通过产业支撑，搭建就业创业平台，让年轻人回得来、留得下，有效破解了本地居民就业增收、农业提质增效和农村空心化等一系列"三农"发展问题，有效解决了乡村振兴过程中"谁来振兴"和"为谁振兴"的两大核心问题（见图2-8）。

图2-8　三瓜公社景观

2.4 国内乡村旅游与乡村振兴的启示

2.4.1 深挖区域文化，树立乡村品牌

湖北省红安县位于湖北省东北部大别山南麓，有"将军县"的美誉，是一个典型的山区农业县，红色文化底蕴深厚。红安的乡村旅游可以借鉴安徽金寨，完善乡村基础设施建设，夯实乡村旅游发展基础，以乡村旅游发展促进乡村振兴。坚持"引进来"和"走出去"相结合，"引进来"即通过招商引资、举办红色文化论坛、会展节事等方式吸收外来人力、物力、财力；"走出去"即通过创意营销等方式在国内树立良好的红色旅游品牌，提升红安县知名度及乡村旅游发展水平。

2.4.2 注重保护生态，开发综合产品

涞水县如今在全国旅游扶贫中赫赫有名，其精准识别定位贫困人口及贫困村、跟进旅游软硬件基础设施的切实做法，大力推行"景区带村、能人带户"的旅游扶贫模式，立足区域自身优势，整合境域资源，规划顶层设计，整体布局的思路可为湖北乡村旅游发展提供很好的思路。湖北省农业基础雄厚，生态农产品丰富，如恩施茶叶、潜江龙虾、罗田板栗、郧县樱桃等，可借鉴丫山、三瓜公社致力于打造生态农产品基地的模式，充分发挥消费扶贫在脱贫攻坚中的重要作用，动员社会各界通过消费来自贫困地区和贫困人口的产品与服务，帮助贫困人口增收脱贫，既能满足消费者需求、激发扶贫的责任感，又能催生贫困户脱贫的内生动力，使其走上长期稳定增收的道路。在创新创业的大背景下，使线上电商和线下实体经济协同发展，实施精准扶贫方略，提高贫困地区的扶贫成效，做到脱真贫、真脱贫。

2.4.3 发挥新"乡贤"作用，培养留住乡村振兴"领头羊"

从2007年起，袁家村党支部书记，关中印象体验地创始人郭占武就把村民组织起来，有计划、有系统地来做乡村旅游，袁家村的乡村旅游和产业发展的成功之路离不开村支书的长期坚持和摸索，因此能人带户是乡村旅游扶贫的典型模式，众多乡村旅游的发展都离不开基层党支部书记或新乡贤的带头作用。湖北省在发展乡村旅游和乡村旅游扶贫的过程中，上至村里的村干部、村支书，下至有能力、有创新意识和实干精神的村民，应多体察到村民的需求和乡村发展的现实需要，从而解决湖北省乡村旅游发展和旅游扶贫中的具体问题。

2.4.4 优化产品结构，提高营销水平

湖北省境内分布有众多乡村观光园和乡村体验类的旅游景点，比如孝感桃园、兴山万亩白茶基地、黄陂农耕年华、罗田葡萄园等，但湖北省仍需进一步优化旅游产品结构和产品组合、创意旅游产品设计等。在运营管理模式上可借鉴三瓜公社的运营管理模式，在推广宣传和销售产品的过程中线上线下相结合，市场引领、龙头带动、突出地方特色。线上营销依托电商，建设线上店铺，利用电子商务打开当地农特产品大市场，带动农民加入合作社，进行优质特色农产品生产加工，综合现代农特产品的生产、开发、线上交易、物流等环节，实现"互联网+三农""互联网+一二三产业融合"，实现农民增收致富。线下建立实体店铺和创客中心，吸引年轻人返乡创业、新农人入乡创业，激活了乡村市场、盘活了乡村资源，让乡村再次焕发出生命力。尤其是在新冠肺炎疫情发生后，乡村旅游发展的脆弱性凸显，需要加强多方综合运营，突出线上营销优势，多方面推进乡村旅游智慧化发展与乡村振兴水平。

第3章 湖北省乡村旅游资源分析与评价

3.1 乡村旅游资源概念

3.1.1 乡村旅游

乡村是由农民、农村、农业构成的复杂而庞大的系统,包含着社会、经济、文化、生态等多领域的丰富内涵。作为农业和旅游业的结合体,乡村旅游起源于19世纪中叶的欧洲,国外学者对其定义有rural tourism、agriculture tourism、farm tourism、village tourism等。20世纪90年代以来,我国对乡村旅游的研究亦逐渐发展,且受到国家政策的影响。目前,国内外学者对乡村旅游的概念从不同角度和不同层次进行了阐述,但未形成统一定义。学界应用较广泛和影响较大的乡村旅游概念如表3-1所示。

表3-1 乡村旅游的概念

作 者	时间	概 念 阐 述
欧盟与世界经济合作发展组织（OECD）	1994年	发生在乡村地区的旅游活动,其关键核心的内容是"乡村性"
Bram Well & Lane	1994年	除了基于农业的旅游活动,乡村旅游还涉及自然旅游、生态旅游、民俗旅游及科普教育旅游、康体养生等多层面的活动
世界旅游组织（World Tourism Organization）	1997年	旅游者在乡村及其附近地区逗留、学习、体验乡村生活模式的活动
肖佑兴等	2001年	以乡村空间环境为依托,以乡村独特的生产形态、民俗风情、生活形式、乡村风光、乡村居所和乡村文化等为对象,利用城乡差异来规划设计和组合产品,集观光、旅游、娱乐、休闲、度假和购物为一体的一种活动形式
何景明	2002年	在乡村地区,以具有乡村性的自然和人文客体为吸引物的旅游活动
杨振之	2010年	乡村旅游应涵盖乡土性、乡村差异性和乡村消费性

可见，随着乡村旅游的不断发展，乡村旅游的概念及定义也逐渐丰富完善。纵观现有研究，国内外学者多从地域空间、资源特征、产品类别和依托市场等方面对乡村旅游概念进行阐述。乡村旅游的概念具有一定的复杂性和复合性，其主要特征是区别于城市的、根植于乡村世界的乡村性，且多以乡村风光、乡村活动、乡村文化等为依托吸引旅游者，并为旅游者提供休闲、度假、康养、娱乐、购物等服务的一种活动形式。

3.1.2 乡村旅游资源

乡村旅游资源的概念同乡村旅游的概念界定密切相关，在乡村旅游不断推进的过程中，国内外学者对乡村旅游资源的概念展开了充分探讨。学者们从不同的角度对其进行了说明和解释。在生产层面上，乡村旅游资源是发展乡村旅游的基础，是建立在乡村地区所拥有的"材料物质"——农田、建筑、节庆、山水、服饰等的基础上，当旅游开发商和经营商发现这些"材料物质"能对旅游者产生吸引力时，就会将它们投入旅游产品和旅游项目的生产运营过程中，从而实现其经济价值和社会价值。

在功能层面上，乡村旅游资源需要能够满足旅游者在乡村地区感受乡村气息、亲近自然、回归自然、享受自然、参与自然的需求，这一功能特征是区别于工业旅游、遗产旅游、城市旅游等其他旅游资源类型的重要因素，但凡不具备这一特征的旅游资源都不能称为乡村旅游资源。

在内容层面，乡村旅游资源主要由乡村自然资源和乡村人文资源两大部分构成。其中，乡村自然旅游资源是指乡村范围内的自然旅游资源，集中体现在与乡村生活相结合的山岳景观、水域景观、农业景观及气象景观等；乡村人文旅游资源则是乡村民风民俗及其载体，包括村落建筑、饮食服饰、民族节庆等内容。

在服务对象上，乡村旅游资源主要面向都市客源，为其提供休闲观光、康养健身、娱乐购物、科普教育、放松体验、探险猎奇、社会交往等多样化服务，以乡村地区特有的景观、物质和活动为主要服务产品，旨在给予游客最真实的乡村体验。

在作用层面上，乡村旅游资源是旅游资源的一种类别，能够对旅游者产生吸引力并促使其在乡村地区开展经济消费活动，可以被乡村旅游业开发利用，在满足旅游者多样化需求的同时给乡村地区能带来经济、社会、文化、生态等多领域的综合效益的一切乡村事物和乡村现象的总和。

乡村旅游资源是开展乡村旅游的重要依托和基础，对乡村旅游资源进行合理开发利用能对开发乡村旅游产品和项目、改善旅游产品结构、带动乡村地区脱贫致富、推动国内旅游发展、促进新农村建设以及实施乡村振兴战略等方面具有重要意义。

3.2 乡村旅游资源分类

3.2.1 旅游资源分类

旅游资源是旅游业发展的重要基础和依托条件，我国旅游资源种类丰富多样，在对旅游资源进行合理开发利用时，需要对其进行科学分类和综合评价。我国现行的旅游资源分类执行标准是《旅游资源分类、调查与评价》（GB/T 18972—2017）。该表充分考虑了《GB/T 18972—2003》颁布以来，国内旅游界对旅游资源概念、定义、价值、应用等众多方面的研究成果，重点在旅游资源的类型划分上进行了修订。同时，该表在分析我国旅游资源属性和状况的基础上，利用具体的旅游资源现存状况、当前形态、重要特性和表现特征等作为划分标准，将我国旅游资源划分为稳定的、客观存在的实体旅游资源和不稳定的、客观存在的非事物和现象两大类，并从主类、亚类和基本类型三个层次进行划分。并针对每个层次每种类型的旅游资源以特定的字母符号作为相互区别的标志，将旅游资源划分为地文景观、水域景观、生物景观、天象与气候景观、建筑与设施、历史遗迹、旅游购品、人文活动八大主类，共23种亚类和110种基本类型（见表3-2）。

表3-2 《旅游资源分类、调查与评价》（GB/T 18972—2017）

主　类	亚　类	基　本　类　型
A 地文景观	AA 综合自然旅游地	AAA 山岳型旅游地　　AAB 谷地型旅游地 AAC 沙砾石地旅游地　　AAD 滩地型旅游地 AAE 奇异自然现象　　AAF 自然标志地 AAG 垂直自然地带
	AB 沉积与构造	ABA 断层景观　ABB 褶曲景观　ABC 节理景观 ABD 地层剖面　ABE 钙华与泉华 ABF 矿点矿脉与矿石积聚地　　ABG 生物化石点

主　类	亚　类	基　本　类　型
A 地文景观	AC 地质地貌过程形迹	ACA 凸峰　　ACB 独峰　　ACC 峰丛 ACD 石（土）林　　　ACE 奇特与象形山石 ACF 岩壁与岩缝　　ACG 峡谷段落 ACH 沟壑地　　ACI 丹霞　　ACJ 雅丹 ACK 堆石洞　　ACL 岩石洞与岩穴 ACM 沙丘地　　ACN 岸滩
	AD 自然变动遗迹	ADA 重力堆积体　　ADB 泥石流堆积 ADC 地震遗迹　　　ADD 陷落地 ADE 火山与熔岩　　ADF 冰川堆积体 ADG 冰川侵蚀遗迹
	AE 礁岛	AEA 岛区　　AEB 岩礁
B 水域风光	BA 河段	BAA 观光游憩河段　　BAB 暗河河段 BAC 古河道河段
	BB 天然湖泊与池沼	BBA 观光游憩湖区　　BBB 沼泽与湿地　　BBC 潭地
	BC 瀑布	BCA 瀑布　　BCB 跌水
	BD 泉	BDA 冷泉　　BDB 地热与温泉
	BE 河口与海面	BEA 观光游憩海域　　BEB 涌潮现象　　BEC 击浪现象
	BF 冰雪地	BFA 冰川观光地　　BFB 长年积雪地
C 生物景观	CA 树木	CAA 林地　　CAB 丛地　　CAC 独树
	CB 草原与草地	CBA 草地　　CBB 疏林草地
	CC 花卉地	CCA 草场花卉地　　CCB 林间花卉地
	CD 野生动物栖息地	CDA 水生动物栖息地　　CDB 陆地动物栖息地 CDC 鸟类栖息地　　　　CDD 蝶类栖息地
D 天象 与气候景观	DA 光现象	DAA 日月星辰观测地　　DAB 光环现象观测地 DAC 海市蜃楼多发地
	DB 天气与气候现象	DBA 云雾多发区　　DBB 避暑气候地 DBC 避寒气候地　　DBD 极端与特殊气候显示地 DBE 物候景观
F 遗址遗迹	EA 史前人类活动场所	EAA 人类活动遗迹　　EAB 文化层 EAC 文物散落地　　　　EAD 原始聚落
	EB 社会经济文化活动 遗址遗迹	EBA 历史事件发生地　　EBB 军事遗迹与古战场 EBC 废弃寺庙　　　　　EBD 废弃生产地 EBE 交通遗迹　　　　　EBF 废城与聚落遗迹 EBG 长城遗迹　　　　　EBH 烽燧

主　类	亚　类	基　本　类　型
F建筑 与设施	FA综合人文旅游地	FAA教学科研实验场所　　FAB康体游乐休闲度假地 FAC宗教与祭祀活动场所　　FAD园林游憩区域 FAE文化活动场所　　FAF建筑工程与生产地 FAG社会与商贸活动场所　　FAH动物与植物展示地 FAI军事观光地　　FAJ边境口岸　　FAK景物观赏点
	FB单体活动场馆	FBA聚会接待厅(室)　　FBB祭拜场所 FBC展示演示场所　　FBD体育健身场所 FBE歌舞游乐场所
	FC景观建筑 与附属型建筑	FCA佛塔　　FCB塔状建筑物　　FCC楼阁 FCD石窟　　FCE长城段落　　FCF城堡 FCG摩崖字画　　FCH碑林(碣)　　FCI广场 FCJ人工洞穴　　FCK建筑小品
	FD居住地与社区	FDA传统与乡土建筑　　FDB特色街巷 FDC特色社区　　FDD名人故居与历史纪念建筑 FDE书院　　FDF会馆　　FDG特色店铺 FDH特色市场
	FE归葬地	FEA陵区陵园　　FEB墓(群)　　FEC悬棺
	FF交通建筑	FFA桥　　FFB车站　　FFC港口渡口与码头 FFD航空港　　FFE栈道
	FG水工建筑	FGA水库观光游憩区段　　FGB水井 FGC运河与渠道段落　　　　FGD堤坝段落 FGE灌区　　　　　　　　　FGF提水设施
G旅游商品	GA地方旅游商品	GAA菜品饮食　　　　　GAB农林畜产品与制品 GAC水产品与制品、　GAD中草药材及制品 GAE传统手工产品与工艺品 GAF日用工业品　　　　GAG其他物品
H人文活动	HA人事记录	HAA人物　　　HAB事件
	HB艺术	HBA文艺团体　　　HBB文学艺术作品
	HC民间习俗	HCA地方风俗与民间礼仪　　HCB民间节庆 HCC民间演艺　　　HCD民间健身活动与赛事 HCE宗教活动　　　HCF庙会与民间集会 HCG饮食习俗　　　HCH特色服饰
	HD现代节庆	HDA旅游节　　HDB文化节　　HDC商贸农事 HDD体育节

旅游资源分类对旅游资源进行普查、旅游规划以及定位旅游产品等多领域具有重要意义。作为规范性指导文件，其对乡村旅游资源分类也具有一定参考和借鉴意义。由于旅游资源的类型广泛，内容较多，以及旅游地的实际情况存在差异，所以在针对不同类型旅游地的不同类型旅游资源进行分类时仍存在些许争议和分歧。

3.2.2 乡村旅游资源分类

乡村范围内的旅游资源丰富多彩，研究乡村旅游资源的分类与评价，是乡村旅游业发展的根本，也是规划、开发乡村旅游的前提条件，对旅游地的定位及其发展均具有重要意义。因此，在乡村旅游资源调查的基础上，对乡村旅游资源的规模、质量、等级、开发条件以及开发远景等方面进行科学分类，这对乡村旅游资源的开发规划和管理决策提供依据尤为重要。目前，国内对乡村旅游资源的分类尚未定制统一标准，《旅游资源分类、调查与评价》《GB/T 18972—2017》为乡村旅游资源分类与评价提供了重要参考依据。因此，在对乡村旅游资源进行分类时，应将该标准作为重要参考文件，结合乡村地区旅游资源的特征性质和实际情况进行分类与评价。一般来说，按照乡村旅游资源的功能可将乡村旅游资源分为八大主要类型，分别为乡村观光类、乡村体验类、乡村度假类、乡村养生类、乡村科普类、乡村文化类、乡村商品类和乡村节庆类。

3.2.2.1 乡村观光类

该类旅游资源主要可以分为农业景观类、动物观光地、水域观光地和乡村风光四个亚类。主要有乡村农田、村落草场、乡村林场、湖泊河流、沼泽湿地、水库瀑布、花卉种植地、动物栖息地、山丘地貌、岩石洞穴、峡谷地貌等。该类旅游资源依托与乡村地区的自然和人文环境，是对乡村旅游地最真实的展示和对农户生活最朴实的反映，是乡村旅游业发展的重要基础。

3.2.2.2 乡村体验类

该类旅游资源主要分为特色农事体验类和林果采摘园两大亚类。主要包括挖地种菜、犁田插秧、树苗嫁接、捕鱼捞虾、捉鸡喂鸭、采摘瓜果、收割麦稻等乡村旅游资源。主要将乡村旅游地的民俗文化、农业生产和农副产品相结合，具有参与性、趣味性、劳动性、生产生活性、知识性等特征，能够让旅游者真实体验到乡村生活的质朴淡雅、体验到耕种收获的喜悦，是一种全新特有的旅游体验方式。

3.2.2.3 乡村度假类

该类旅游资源主要可以分为休闲娱乐型和度假娱乐型两个亚类。主要有农家乐、农业庄园、野营地、农家小屋、乡村俱乐部和避暑度假地等，集农业文明与现代文明于一体，多以建筑或聚落为物质载体，与乡村农户的生产生活息息相关，蕴含着深厚的地方特色文化，以满足旅游者放松身心、获得愉悦感为主旨，实现旅游者回归乡村、回归自然的心理欲望。

3.2.2.4 乡村养生类

该类旅游资源主要可以分为运动健身场地和康体疗养地两大亚类。主要包括温泉养身、中药文化养生、海滨疗养胜地、高山运动健身、漂流滑雪等乡村旅游资源。主要以传统文化体育、生态环境为依托，能够满足旅游者改善身体机能、保障心理安适、实现身心和谐的旅游需求。

3.2.2.5 乡村科普类

该类旅游资源主要可以分为科普场地类和研修场所类两个亚类。包括农业博览园（或农业博物馆）、农产品展览馆、农业科技生态园、生态餐厅等乡村旅游资源。将农业与旅游业相结合，能够将地域文化、农业科技、艺术景观有机地融合在一起，为游客提供了解农业历史、学习农业技术、增长农业知识等旅游需求。

3.2.2.6 乡村文化类

该类旅游资源主要可以分为乡村聚落和民俗文化聚集地两大亚类。主要有民间歌舞、民间技艺、民间戏剧、宗教仪式、历史人物、艺术作品等。该类旅游资源能够反映出特定地域乡村居民的生活习惯和风土人情，往往是乡村民俗文化长期积淀的结果，是增加乡村旅游文化内涵的重要元素。

3.2.2.7 乡村商品类

该类旅游资源主要可分为乡村美食类和乡村特色商品类两大亚类，包括乡村美食、乡村服饰、特色物产、传统手工艺品中草药材及制品、水产品及制品等乡村旅游资源。该类旅游资源主要是乡村农户在长期的生产生活中形成的具有当地特色的物质产品，能够有效地展现出不同乡村地区的差异性和独特性。

3.2.2.8 乡村节庆类

该类旅游资源主要分为民俗型节庆和创新型节庆两大亚类。其中,主要包括少数民族节日、民俗节庆和特色旅游节事等乡村旅游资源。该类旅游资源建立在当地独特的自然景观、生产形态和生活风情之上,是乡村文化传播的有效助推器。举办各类乡村节庆活动,既能打造特色的乡村文化氛围,又能提升旅游者对当地文化的深度理解和增强其融入感与体验感。

堪称"小天地大世界"的乡村地区,旅游资源极为复杂。因此以上几种乡村旅游资源类型并不是截然分离和一成不变的,它们有时也是相互包含和相互涵盖。

3.3 乡村旅游资源评价

乡村旅游资源评价是指从合理开发利用和保护旅游资源及最大的社会、经济、环境等综合效益的角度出发,运用某种方法对特定区域内的旅游资源自身价值及其外部条件等进行综合分析和评判的过程。同时,乡村旅游资源评价是建立在乡村旅游资源分类调查的基础上,按照一定的标准对旅游资源的数量、等级、规模、开发前景等进行可行性评估。通过对一定区域内旅游资源的评价,可以全面客观地认识旅游资源的品位、特质、开发条件等,从而明确该旅游资源在同类旅游资源或所处区域中的地位,确定不同旅游资源的开发序次,为指导旅游开发规划等提供科学的判断标准或理论依据。目前,乡村旅游资源的评价主要采用定性分析和定量分析两类方法。

3.3.1 定性评价方法

定性评价方法主要强调评价者对旅游资源的认识和理解,是一种描述性的评价方法,主要包括一般体验性分析法、"三三六"分析法、美感质量评价法等。其中,一般体验性分析法是指评价者根据相应问卷回答、旅游专业书籍、旅游专业网站信息等资料来确定乡村旅游资源的等级、质量和品质等。由卢云亭提出的"三三六"评价法是指旅游资源自身的艺术观赏、历史文化、科学考察价三大价值,旅游资源开发所带来的经济、社会和环境三大效益,以及旅游资源的地理位置及交通条件、景观地域组合条件、旅游容量条件、客源市场条件、旅游投资能力、施工难易条件等六大评价条件。美感质量评价法则是指在深入分析旅游者或旅游专家体验的基础上,建立的相关规范化评价模型,主要侧重于对旅游资源的美学价值进行评价。乡村旅游资源定性评价可在旅游资源评价的基础上，对乡村旅游资源类型、总体特征、旅游价值、空间分布及市场吸引力等多方面进行定性描述。

3.3.2 定量评价方法

定量评价方法是指在实地考察，全面掌握乡村旅游地乡村旅游资源的基础上，构建相应的乡村旅游资源评价的影响因子，并量化其因子指标，再运用一定的数学统计方法和模型，计算得出相应的影响因子权重，从而揭示评价对象的数量变化程度及其结构关系，进一步对旅游资源进行等级划分。目前，乡村旅游资源定量评价方法主要有：层次分析法、模型定量建模法、单因子定量评价法、灰色关联分析法、模糊数学理论法等。

3.4 湖北省乡村旅游资源分类与评价

3.4.1 湖北省乡村旅游资源分类

根据湖北省乡村旅游发展现状，结合资源现存情况、形态、特征等，以乡村旅游所体现的价值和功能为标准，参考国内外旅游资源分类标准，从主类、亚类、基本类型等3大角度构建出湖北省乡村旅游资源分类体系。其中，包括8大主类、18个亚类和41个基本类型。8大主类参照前文对乡村旅游资源的分类，基本上涵盖了湖北省乡村旅游资源特色，较为全面地总结了湖北省乡村旅游资源的禀赋情况，对湖北省乡村旅游的开发具有一定的借鉴意义，如表3-3所示。

表3-3　湖北省乡村旅游分类体系[①]

主类	亚类	基本类型	主类	亚类	基本类型
乡村观光类1	农业观光园11	观光花园111	乡村观光类1	动物观光地12	野生动物饲养地121
		观光果园112			乡村牧场122
		观光茶园113			观鸟地123
		观光林地114		水域观光地13	渔村风光131
		农业科技园115			水体观光地132
				乡村风光14	美丽乡村141

①湖北省乡村旅游发展规划编制组《湖北省乡村旅游发展规划（2006—2025）》。

主类	亚类	基本类型	主类	亚类	基本类型
体验乡村类2	林果采摘园21	果蔬采摘园211	科普类5	科普场地51	农业博物馆511
		茶叶采摘园212			教育庄园512
	特色农事体验22	传统农耕文化体验地221		研修场所52	农业科研基地521
		现代农耕文化体验地222			乡村博物馆522
乡村度假类3	休闲娱乐型31	农家乐311	乡村文化类6	乡村聚落61	特色村落民居611
		租赁农场312			乡村遗产景观612
		农业庄园313		民俗文化聚集地62	民俗文化村621
	度假娱乐型32	农业休闲园321			历史文化名镇(村、街)622
		野营地322	乡村商品类7	乡村美食71	特色农家菜肴711
		农家小屋323		乡村特色商品72	纪念品、工艺品721
		乡村俱乐部324			特色食品722
		避暑度假地325			
乡村养生类4	运动健身场地41	水上运动场地411	乡村节庆类8	民俗型节庆81	少数民族节日811
		陆上运动场地412			民俗节庆812
	康体疗养地42	温泉421		创新型节庆82	特色旅游节事821
		养生疗养院422			

3.4.2 湖北省乡村旅游资源评价

3.4.2.1 定性评价

（1）乡村旅游繁花似锦，四季赏花美不胜收。

湖北省地处长江中游，气候四季分明，温暖湿润，农业发展基础良好。花是湖北最具特色的乡村旅游资源，也是湖北乡村旅游资源的基础。麻城杜鹃花、十堰樱桃沟野樱花、荆门油菜花、荆州桃花、老河口梨花、罗田油桐花、洪湖荷花、京山茶花、咸安桂花都享有盛名，使得一年四季花香不断。2月赏茶花；3月看油菜花、桃花、樱花；4月观杜鹃花、梨花、杏花、槐花；5月寻高山杜鹃花；6月有薰衣草、玫瑰花；7月观荷花、紫薇花；8月闻桂花；9月登高赏菊花；10月、11月赏红叶，12月赏梅花，四季旅游花香不断。据不完全统计，2016年一季度湖北100多个赏花区（点）接待游客近2000万人次，赏花游带来的旅游总收入占全省一季度旅游总收入的20%以上。2017年武汉全年吸引游客2.6亿人次，其中赏花春季共迎来游客7500多万人次。2018年春季湖北省150多个赏花区（点）接待游客超过4500万人次，给当地乡村带来旅游消费突破300亿元。2019年，湖北省推出荆楚乡村旅游十大主题线路，其中以"花"为媒，推出烂漫春花之旅（麻城杜鹃花—铁山槐花—崇阳大岭野樱花—荆州太湖桃花—沙洋油菜花—枝江安福寺桃花—老河口梨花—郧阳樱桃沟樱桃花—竹山太和梅花—神农架高山杜鹃）①。显然，名花旅游已成为湖北省乡村旅游的品牌之一。

（2）千湖之省风情浓郁，河湖水产丰富多样。

湖北境内有长江、汉江两大水系，湖泊星罗棋布，水库沟渠连片成网，为水域观光、水上娱乐、水产养殖提供了丰富的场所，也造就了典型的水上风情、鱼米之乡的风光。因此，水体旅游资源是湖北重要的乡村旅游资源。荆州的洪湖、汉川的汈汊湖、江夏和鄂州的梁子湖、蔡甸的沉湖、嘉鱼的西凉湖等，分布于乡里村间的众多水体旅游成为湖北省独有的自然乡土风貌景观。

湖北渔业资源丰富，全省水域总面积2500万亩，宜养水面1360万亩，共有鱼类176种。2018年，湖北省水产品生产保持稳定，水产品总量达到458.40万吨，大闸蟹、鲫鱼、武昌鱼、"楚江红"小龙虾、梁子湖大河蟹、"洪湖渔家"生态鱼等特色水产养殖产量快速增长②。得天独厚的淡水资源和良好的生态环境，为湖北乡村旅游提供了广阔的发展舞台。

（3）农家风情自然朴实，田园风光如诗如画。

湖北地域辽阔，农家生活异彩纷呈。在广袤的江汉平原上，广大的农村居民以农耕为主，农民喂养牲畜家禽，以米饭为主食；而在鄂西北和鄂西南，他们除了种田以外，还种树、种茶、种花、种果，而且少数民族居民务农时有唱歌的喜好，上山要唱山歌，田间劳作要唱田歌，有号子歌、放牛歌、砍柴歌

---

① 数据来源：湖北省文化和旅游厅 http://wlt.hubei.gov.cn/。

② 数据来源：湖北省水利厅 http://slt.hubei.gov.cn/。

等。闲暇时分，不同地区的居民会用不同的方式打发时间，同时各个地方人们的穿着、服饰、语言和农家生活习惯均各具特色。这些特色鲜明、乡土气息浓厚的农村生活对生活在城市的人来说具有极大的吸引力。湖北省沙洋县油菜花、英山县茶园观光带、恩施大峡谷梯田、长阳清江鱼作景观等都独具田园特色。

（4）民俗民风传统神秘，乡野村寨古朴典雅。

湖北省乡村旅游资源丰富，而且农业生产历史悠久，孕育了丰富的文化内涵和民俗风情。自古以来湖北乡村民俗风情淳朴，是楚文化的发祥地，吃粽子和赛龙舟、舞狮子、玩龙灯、耍皮影、打花鼓、薅草锣鼓、丧鼓等民俗活动令人流连忘返；少数民族绝大部分分布在鄂西地区，这使鄂西地区形成了与湖北省其他地区差异较大的民俗文化，例如土家族独特的服饰和语言、婚丧习俗、宗教信仰、音乐歌舞等对国内外的游客都有着巨大的吸引力。

湖北省分布着众多的特色村落民居，它们是历史文化的支撑点和现实载体，也是湖北发展乡村旅游的宝贵资源。特色村落有少数民族的吊脚楼、四合小院，都以当地独有的民族文化为基础，显示了独特魅力的建筑风情；村落乡味十足，依山傍水，犹如一处处藏在大山中的宝藏，向游人展示荆楚文明的神秘与魅力。

（5）农家接待遍地开花，乡村度假粗具规模。

目前，在湖北迅速兴起的农家乐，犹如一朵朵绚丽的花朵，绽放在荆楚大地上。以"住农家屋，吃农家饭，干农家活，享农家乐"为主要内容的民俗风情旅游，能够让旅游者摆脱城市喧嚣、繁忙公务之外，置身于乡土气息浓郁、自然风光秀美的农村田园中，并能让游客开展各种休闲娱乐活动，如品尝农家美食、购买农特产品、参与农村体育活动以及采摘、认种、垂钓、棋牌等。在宜昌、襄阳、武汉、恩施、竹山—竹溪—房县等多地都形成了农家乐集聚带，成为当地乡村旅游的主体。

乡村度假村已粗具规模，呈现数量与质量同步提升的势头。利用湖北省农村优越的自然生态环境，开展各种休闲度假型旅游活动，让游客亲近大自然，放松身心。

3.4.2.2 定量评价

根据上述湖北省乡村旅游资源分类体系和分类表，结合乡村旅游资源特色，从资源本身价值、开发条件和开发价值3个维度构建出湖北省乡村旅游资源评价指标体系，并通过赋分进行质量等级评价。资源价值、开发条件和开发价值分别占60分，30分及10分。乡村的典型性、观赏性是其价值的主要因素；旅游资源所处的旅游环境是否优美，生态环境质量好坏也成为旅游者选择的重要标准之一。因此，旅游环境是开发条件的重要因素。乡村旅游具有旅游扶贫与产业带动的功能，其开发的综合价值和带动效应是评价旅游资源开发价值的主要因子。

按照评价因子的综合得分，将乡村旅游资源分为五级。五级旅游资源，得分值域≥90分；四级旅游资源，得分值域为75~89分；三级旅游资源得分值域为60~74分，得分40~59分的为二级旅游资源；40分以下的为一级旅游资源。五级旅游资源称为"特品级旅游资源"，在全国具有一定的代表性和影响力，能够反映湖北省乡村旅游的某一特征。从长远来看，也是吸引国际旅游者的重要资源；四级旅游资源为"优级"旅游资源，是全省发展乡村旅游的重要资源；三级旅游资源为"良级"，是吸引地市乡村游客的重要资源。二级、一级为普通级乡村旅游资源（见表3-4）。

表3-4 湖北省乡村旅游资源等级评价指标

目标层	综合评价层	项目评价层	评价因子层
乡村旅游资源(100)	资源价值(60)	乡村性(30)	典型性(15)
			观赏性(8)
			文化性(4)
			科普性(3)
		参与性(15)	趣味性(8)
			参与度(7)
	资源价值(60)	珍稀奇特性(8)	—
		规模与容量(4)	—
		知名度(3)	—
	开发条件(30)	环境质量(10)	旅游环境(7)
			村容村貌(3)
		市场潜力(7)	—

目标层	综合评价层	项目评价层	评价因子层
乡村旅游资源(100)	开发条件(30)	区位交通(5)	—
		基础设施(4)	—
		政策因素(2)	—
		旅游人才(2)	—
	开发价值(10)	旅游带动效应(6)	—
		旅游综合价值(4)	—

　　按照乡村旅游资源单体评价指标与赋分标准，笔者对湖北省乡村旅游资源单体典型代表进行了评价。其中，三级旅游资源和四级旅游资源单体数量较多，分布范围较广；五级旅游资源在资源观光价值、开发条件及开发效应等方面具有一定代表型和先进性（见表3-5）。

表3-5　湖北省乡村旅游资源单体评价结果(典型代表)

分值	分级	旅游资源单体名称	开发等级
≥90分	五级旅游资源	蔡甸花博园、宣恩伍家台、五峰栗子坪、罗田县燕儿谷等	特品级
75~89分	四级旅游资源	黄陂玫瑰园、东西湖石榴红村、蔡甸金龙水寨、恩施市二官寨村，利川市丽森农业生态园、通山县石门村、蕲春县雾云山村、恩施市洞下槽村等	优级
60~74分	三级旅游资源	蔡甸香草花田、东西湖如意情、江夏梦天湖山庄、黄陂农耕年华风情园、黄陂丰华生态园，石首市桃花山镇李花山村等	良级

3.4.3 湖北省乡村旅游资源开发评价

3.4.3.1 区位条件——九省通衢，高铁添翼

　　湖北省素有"九省通衢"之称，自古就是中国水运、铁路运输的枢纽。随着武广高铁、合武高铁、郑西高铁、沪汉蓉高铁的通车，武汉成为高铁的核心。优越的区位条件提升了湖北省旅游市场的等级，实现了旅游产品的转变，

为乡村旅游发展奠定了基础。

湖北"七纵五横三环"高速公路骨架网基本形成，高速公路总里程跃居全国第四，98%的建制乡镇通二级及以上公路，100%的行政村通沥青（水泥）路，基本适应区域经济社会发展需要。"十三五"时期，湖北实现全面建成小康社会交通发展目标，建成"祖国立交桥"，全省综合交通总体上达到中部领先、全国先进水平，基本建成"两中心两枢纽一基地"，以此来满足经济快速发展的需求。2018 年已完成农村公路新改建 25506 公里，占年度目标的 255.1%；实施公路安防工程 27093 公里，占确保目标的 135%。湖北省将在 2020 年年底之前，全省将建成 100 个"四好农村路"示范乡镇，以点带面，推进路景交融、路产融合，助力乡村振兴①。

3.4.3.2 市场条件——人口密集，需求旺盛

2018 年年末，湖北省常住人口 5917 万人。其中，城镇人口 3567.95 万人，农村 2349.05 万人，城镇化率达到 60.3%，为全国人口数量较多的省区②。

随着城市居民生活水平的不断提高，闲暇时间的增加，以及人们休闲意识的提高，乡村旅游将成为城镇居民主要的休闲旅游方式之一。尤其是武汉"8+1"城市圈，城镇居民收入偏高，需求量大，乡村旅游前景看好。

3.4.3.3 政策条件——旅游富民，政府抓手

2013 年中央发布的《关于加快发展现代农业进一步增强农村发展活力若干意见》明确指出要发展乡村旅游和休闲农业，推进农村生态文明建设。2014 年 8 月出台了《关于促进旅游业改革发展的若干意见》明确指出大力发展乡村旅游。2016 年 2 月，湖北省发布《湖北省乡村旅游发展规划（2016—2025）》，该规划指出湖北省乡村旅游将以实现乡村旅游"资源多样化、服务便利化、管理精细化、市场多元化"为战略目标，形成"政府引导、农民主体、社会参与、市场运作"的发展新格局，带动农民就业增收，推动城乡统筹。到 2025 年，把湖北乡村地区建设成为中部地区一流、全国著名的回归自然的生态空间、感受传统的精神家园、放松身心的度假胜地，全省乡村旅游总收入在全省

---

① 资料来源：湖北省交通运输厅 http://jtt.hubei.gov.cn/。

② 数据来源：湖北省统计局 http://tjj.hubei.gov.cn/。

旅游收入中的比重达到60%。

3.4.3.4 融资条件——投资兴盛，热情高涨

湖北省现已初步形成全方位、多层次、宽领域的乡村旅游投资格局。乡村旅游投资项目总额呈现不断上升的趋势。从资金投向看，除传统的酒店项目外，各类资本加快进入乡村旅游行业其他领域，如民俗文化、康体健身、拓展运动等。同时，乡村旅游公路、乡村旅游集散中心、旅游名镇名村也已成为湖北省乡村旅游投资的重要领域。

3.5 乡村旅游资源助推湖北乡村振兴发展的路径选择

2018年湖北省发布《湖北省乡村振兴战略规划（2018—2022年）》，《规划》准确把握乡村振兴"产业兴旺，生态宜居，乡风文明，治理有效，生活富裕"总要求，提出了湖北乡村振兴"65432"重大行动：产业兴旺六大行动，生态宜居五大行动，乡风文明四大行动，治理有效三大行动，生活富裕两大行动。同时，确定了不同时间的发展目标和发展愿景：到2020年，全省乡村振兴取得重要进展、走在中部前列，制度框架和政策体系基本形成，全面建成小康社会的目标如期实现。到2022年，乡村振兴取得深入进展，制度框架和政策体系进一步完善。到2035年，乡村振兴取得决定性进展，农业农村现代化基本实现。到2050年，乡村全面振兴，农业强、农村美、农民富全面实现，农业农村现代化强省全面建成。

实践证明，旅游业是推进乡村振兴的重要引擎，是增强村庄与农业活力，促进乡村社会经济可持续发展的重要手段。而旅游资源是旅游业的灵魂，深度挖掘乡村旅游资源，发挥其带动作用，是助推乡村振兴的重要路径，是实现乡村振兴的特色路径。

3.5.1 挖掘乡村文化资源，塑造文化品牌

文化是旅游的灵魂，旅游是文化的载体。二者有着天然的亲和力、强大的融合力。在乡村地区旅游业开发过程中，可重点挖掘乡村文化资源，根据本地区本乡村独特的文化，在旅游景区开发、旅游基础设施建设、旅游产品研发等环节融入文化元素，提升湖北省乡村地区旅游文化内涵，提高旅游者乡村旅游体验质量，在塑造本地区旅游文化品牌的同时，提升湖北省乡村旅游活力。

3.5.2 依托江河资源特色，突出生态康养元素

依托湖北省丰富的江河资源、优质原生态环境等优势，围绕绿色生态、环境康养为品牌，通过养生文化、观光度假、乡村旅游体验等系列活动载体，突出旅游特色，提升乡村旅游内涵。同时，以江河资源发展沿江沿河经济，对江河沿岸进行水质、环境进行整治，利用水产品发展养生美食，作为乡村美食旅游的一部分，通过打造水产产业，实施乡村产业振兴。

3.5.3 重构乡村旅游资源评价体系，正确利用乡村资源价值

乡村旅游资源开发与利用的主要影响因素可以概括为资源价值、资源影响力和开发条件。资源价值包括观赏价值、科学价值、文化价值、生态价值、产业价值与游憩价值；资源影响力包括规模度、组合度、知名度、珍奇度与保护力度；开发条件包括区位交通、产业融合度、生态环境、市场吸引与适游期限。重构湖北省乡村旅游资源评价体系，既能对乡村资源做全面的评估，又能对其所蕴含的价值进行梳理，并有利于引导旅游资源开发，为旅游开发提供坚实的基础，从而推动乡村旅游可持续发展，促进乡村振兴。

第4章　湖北省乡村旅游发展现状

4.1 乡村旅游发展概况

湖北省地处华中地区，悠久的历史文化、漫长的农耕文明、浓郁的民俗风情和优美的田园风光为乡村旅游提供了巨大的发展空间。湖北省乡村旅游萌芽于20世纪90年代初，2009年起湖北省掀起了乡村旅游发展的热潮，经过十多年的全面推进和快速发展，逐步形成了以全域旅游县（区、市）为依托、旅游村镇为支撑、现代特色农庄和农家乐为主体、旅游民宿初显繁荣、乡村休闲主题酒店零星分布的乡村旅游发展格局。

4.1.1 乡村旅游市场体系构建不断规范和成熟

湖北省乡村旅游以市场需求为发展导向，品牌打造与营销管理日益成熟，乡村旅游品牌逐渐具有鲜明的属地特性、强烈品牌彰显力和广阔市场吸引力。围绕着省内主要城市圈、省外重点城市如重庆、西安等地，主要乡村旅游点道路交通保障基本上实现了快速便捷。除此之外，部分乡村旅游企业搭建的智慧旅游平台能够提供实时、适时的供给信息，广大乡村电商平台日益成为乡村旅游供需的最佳载体。市场监管与服务手段多样有效，食品安全、消防安全、旅游咨询、投诉处理工商服务等保障体系初步建立。全省乡村旅游协会及各级乡村旅游协会或合作社纷纷成立，民间社团组织在信息共享、技术交流、风险分担、规范服务、规模经营、借鉴交流等方面的作用发挥明显，乡村旅游企业抵御市场风险、提升经济效益的能力显著增强。

4.1.2 乡村旅游产业形态不断丰富和拓展

近年来，湖北省围绕着传统旅游"食、住、行、游、购、娱"六要素共成功打造和创建湖北旅游强县（市、区）22个、湖北旅游名镇34个、湖北旅游名村117个、湖北旅游名街9个、高星级农家乐444个（四星292个、五星152

个）、乡村旅游后备箱示范点21个、乡村旅游创新创业创建基地22个①。新出现的旅游民宿、乡村休闲精品酒店、现代农业庄园、现代田园综合体等使得新型旅游业态"商、养、学、闲、情、奇"中研学、康养、会议、商务、度假等新型产业形式，逐渐地在乡村旅游产业体系中呈现，乡村旅游产业体系得到丰富与拓展。2017年，湖北省乡村共接待旅游者2.53亿人次，实现旅游收入约2500亿元，同比分别增长为10.4%、11.2%，传统节假日期间乡村旅游占旅游市场份额达到60%以上，乡村旅游实现增加值约826亿元，占旅游增加值的1/3以上，带动农业、商贸、美食等关联产业的增加值4000亿元以上②。乡村旅游已成为调整农业产业结构、改变农村落后面貌、促进农民致富增收的重要载体，成为乡村振兴和扶贫攻坚的重要动力。

4.1.3 乡村旅游产品体系不断充实和完善

目前，乡村旅游产业体系不断拓展，新兴业态不断涌现，呈现"跨界、外溢、扩张"的特点。近年来，湖北省大力举办湖北茶文化旅游活动，共发布16条湖北采茶旅游线路，覆盖湖北省武陵山区、秦巴山区、大别山区与幕阜山区四大贫困片区。此外，湖北省还大力实施贫困地区"旅游+"工程，积极推进贫困区旅游与关联产业融合，形成了一大批乡村赏花、避暑度假、田园休闲等旅游新业态。与此同时，省内各地市级单位积极打造各类旅游文化活动。例如，将全省各地有群众基础的庙会、歌会、元宵灯会、清明踏青、端午龙舟、中秋赏月、重阳登高等传统活动进行升级打造，形成了隆中"草庐·诸葛亮"、利川"龙船调"、建始"黄四姐"、秭归龙舟节、武当功夫等一批文化旅游品牌，每年接待游客数量明显增加。

4.1.4 乡村旅游扶贫效应显著

截至2017年年底，湖北省通过旅游脱贫的人数累计超过80万人。2017年有730家旅游景区和乡村旅游企业参加结对帮扶，对口帮扶贫困户6333个，帮扶贫困人口13267人。旅游扶贫模式得到总结推广，初步形成了"景区带村""能人带户""合作社+农户""企业+农户"等多种模式。通过各种旅游扶贫手段，贫

---

① 数据来源于原湖北省旅游发展委员会。

② 数据来源于2017年湖北省旅游发展评价报告。

困地区内产业扶贫的厚度不断巩固，贫困群众参与乡村旅游的信心与自觉性不断增强。

4.1.5 乡村旅游综合带动作用明显

乡村旅游发展为农村创造着丰富的就业岗位，吸引了部分农民工返乡，变外出打工为就近创业就业，改善了农村基础设施建设和人居环境，农村产业结构不断得到优化。例如，崇阳县大岭村四周青山环抱，以往交通不便，村民出行困难，大多数选择外出务工。2015年，幕阜山生态旅游公路开通，随后借助村内野樱花资源，乡村旅游蓬勃发展，在外打工的村民纷纷返乡，2016年返乡200人，2017年返乡800多人，乡村旅游带动作用明显。

4.2 乡村旅游目的地建设

湖北省山川秀丽，丰富的自然景观是发展乡村旅游的依托；区域内人民智慧勤劳，是建设乡村旅游目的地的主体。2008年以来，湖北省相继启动旅游强县、旅游名镇、旅游名村的建设工作，大力发展农家乐，旨在发挥旅游业的带动作用，促进农村经济的发展，提升农民生活水平，促使贫困农户顺利脱贫。旅游强县、旅游名镇（村）的创建工作，使得湖北各地发展乡村旅游的积极性空前高涨，这些旅游名镇（村）通过政府、民间、社会各界的共同努力，以优美的田园风光、独特的民间工艺、有机特色餐饮和与城市迥然不同的民俗文化，吸引着众多游客；而游客也为这些曾经贫困的乡村带来无限生机，在物质上解决农民的生存之难，在精神上激发他们对于本土文化的自觉与自信，乡村旅游扶贫成效日益凸显。

4.2.1 旅游强县创建

根据《湖北旅游强县评分标准》，从旅游经济发展水平、旅游产业发展环境、旅游业综合带动功能、旅游开发与环境保护、旅游设施与服务功能、旅游市场管理与游客满意率、旅游行业精神文明和教育培训、旅游安全等方面进行评选，2019年湖北省文化和旅游厅新确定了三个旅游强县，分别是：兴山县、孝昌县、宣恩县（见表4-1）。

表4-1　2019年湖北省旅游强县情况介绍

旅游强县	所属地区	简要介绍	旅游发展现状
兴山县	宜昌市	因"环邑皆山,县治兴起于群山之中"而得名,土地面积2327平方公里,辖2乡696个村(居),总人口17.06万人。是汉明妃王昭君的故乡,始建于吴景帝永安三年(260年),拥有丰富的水能、矿产、土地、旅游四大自然资源,交通便利,境内有2条国道和5条省道通过,2019年4月29日,湖北省人民政府决定退出贫困县	兴山县旅游发展的优势在于其良好的自然环境以及丰富的文化资源,山地景观极为丰富,山地资源种类多样,历史文化悠久,内涵丰富,包括昭君文化、移民文化、香溪文化、建筑文化和民俗文化。仅在2019年春节期间,兴山县共接待游客11.57万人次,同比增长15%,实现旅游接待总收入5942.4万元,同比增长16.3%
孝昌县	孝感市	位于湖北省东北部,地处大别山南麓、江汉平原北部,地貌以丘陵山地为主,四季分明,热量丰富,雨量充沛,水资源、动植物资源以及矿产资源丰富。下辖8个镇、4个乡,总面积1217平方公里。交通便利,境内京港澳高速公路、107国道、京广铁路纵贯南北,汉十高速、243省道、安卫铁路连接东西。2018年12月被评为中国最具幸福感县市	近年来,孝昌县围绕全域乡村旅游发展定位和"旅游强县"建设目标,通过引进旅游新项目、培育休闲新业态、开拓客源新市场、提升服务新优势等工作。同时组织推动一批旅游扶贫项目,引导发展124家农家乐参与到扶贫模式中来,提供创业就业岗位1500个,直接带动637名建档立卡贫困人口实现脱贫
宜恩县	恩施市	地处湖北省西南边陲,总面积2740平方公里,辖5个镇、4个乡。境内S89恩黔高速、G6911安来高速及宜来高速穿行而过,农村通公路行政村比重达到100.0%。2019年4月29日,湖北省人民政府决定宜恩县退出贫困县	2016—2018年,全县累计接待国内外游客569万人次,实现旅游综合收入26.54亿元,较"十二五"时期分别增长40.49%、59.59%,旅游综合收入占全县GDP比重已超12%,全县旅游从业人数达到1.05万人,占城镇就业人口的30.4%

4.2.2 旅游名镇创建

湖北省旅游名镇创建工作始于2008年下半年,首批共确定了12个试点镇。2019年,湖北省文化和旅游厅组织进行了新一轮的旅游名镇创建验收工作,共确定湖北省旅游名镇11个,分别为南漳县东巩镇、远安县花林寺镇、秭归县九畹溪镇、阳新县王英镇、郧阳区柳陂镇、松滋市卸甲坪乡、安陆市烟店镇、黄梅县五祖镇、通山县大畈镇、建始县花坪镇、神农架林区红坪镇(见表4-2)。

表4-2 2019年湖北省旅游名镇情况介绍

旅游名镇	特色景点(区)	旅游扶贫带动效果
南漳县东巩镇	4A级景区——春秋寨 麻城河 古村落 昌集鸳鸯湖	近年来,该镇坚持按照全域旅游的思路奋力推进旅游建设,全镇100多家农家乐生意红火,带动增加300多个就业岗位,乡村旅游已经成为当地吸引外出农民工返乡就业创业的吸铁石。除此之外,有机香菇、木耳、蜂蜜等大量土特产品通过游客走出大山,销往全国各地,提高了当地居民的收入水平
远安县花林寺镇	天然溶洞太清洞 中国十佳漂流景区横鼎漂流 金家湾文化旅游小镇	该镇充分发挥生态资源优势,积极构建全域旅游大格局,高标准配套建设基础设施,特色化打造精品景区,推动文旅、农旅融合发展。2016年以来,接待各类游客280万人次,实现旅游综合收入16.8亿元,旅游产业促进人均增收4000元,日益成为湖北省知名的乡村休闲旅游目的地
秭归县九畹溪镇	"中华第一漂"九畹溪漂流景区 石柱土家特色村寨 仙女山国家地质公园	该镇抓住文化历史源远流长、区位交通独特优越、旅游资源十分丰富、核心景区知名度高的基础条件优势,打造了集观光、度假、避暑、文化、休闲养生于一体的全域旅游发展格局,形成了四季全覆盖的漂流探险游、屈原文化游、乡村风味游、浪漫爱情游和风景廊道游。2019年,全镇游客接待量约41.5万人次,同比增加约9.2%;旅游总收入约1.78亿元,同比增加约6.5%
阳新县王英镇	仙岛湖生态旅游风景区	该镇围绕"生态美镇、旅游强镇、产业兴镇"的思路,以旅游开发为主线,以精准扶贫全面脱贫为目的,大力发展乡村生态产业,奋力打造华中生态旅游胜地。2017年对景区基础设施进行了全面改造升级,近年来项目建设成效显著,目前主镇区旅游设施提档升级建设项目已完成,该镇泉丰项目采取旅游民宿模式运营,建成后直接带动近200户库区群众实现脱贫奔小康

旅游名镇	特色景点(区)	旅游扶贫带动效果
郧阳区柳陂镇	青龙山国家地质公园 月亮湖生态观光园	2017年以来,柳陂镇以建设生态要镇、农业大镇、文化古镇、移民新镇、扶贫重镇为目标,着力建设"生态美、产业美、生活美、村镇美、人文美"的"悠然柳陂·恐龙小镇"。全镇坚持"公司+农户+薪金+股金"的方式,安置贫困户劳动力就业,带动村级集体经济发展。同时,柳陂镇还以全景观模式高标准规划建设"易地搬迁文化旅游扶贫村",集中安置全镇易地扶贫搬迁对象户933户3376人,配套建设有"文化风情一条街",为搬迁户提供安居、就业、创业平台
松滋市卸甲坪乡	曲池河 温泉度假村 卸甲坪旅游区	近年来,卸甲坪土家族乡立足当地旅游资源优势,累计投入资金近7亿元,大力发展全域旅游,努力创建国家全域旅游示范区,形成了曲尺河温泉、黄林古桥瀑布和鄂南大峡谷三大特色景点,打造了曲尺河、覃睦庄两个中国少数民族特色村寨。2016年至今,景区年接待游客量达30万人次,实现旅游收入2亿元,带动劳动就业1000多人,贫困率也从2014年的21%下降到了2019年的3.1%
安陆市烟店镇	白兆山李白 文化风景区	该镇对中心集镇421户、823间房屋建筑实施白墙、绿瓦、红方格仿唐式改造,打造"风貌古朴、功能集成、服务现代"的唐镇唐村。把安陆城区自来水和15公里外的清水河水引进烟店,在满足旅游发展需要的同时,也解决了近2万名集镇居民的饮水安全问题。不断探索推进"文化+""旅游+""康养+",推动农旅养产品业态实现从有到优的品质跨越,有力助推乡村振兴发展
黄梅县五祖镇	五祖寺	该镇全力推进文化和旅游深度融合发展,围绕"非遗文化甲天下,东山胜景美如画"的文化旅游主题,紧扣休闲度假旅游市场需求,探索新型城镇化运作模式,打造集观光体验、文创、康养度假等功能为一体,具有鄂东特色的现代化新型文化生态旅游区

旅游名镇	特色景点(区)	旅游扶贫带动效果
通山县大畈镇	龙隐山风景度假区 隐水洞地质公园	近年来,大畈镇以"洞府水乡,度假天堂"为文化旅游发展主题,开发出乡村观光、民俗文化体验、农家乐等旅游产品类型,打造出富水湖风景区、隐水洞地质公园、龙隐山风景度假区和西泉实景民俗村等旅游品牌,逐步构建起"赏生态景、住农家屋、吃乡土菜、品四季果"的旅游模式。2018年,大畈镇共接待游客45万人次,枇杷产业总产值3400万元,人均增收18000元
建始县花坪镇	小西湖 避暑休闲农庄 博遁生态庄园	该镇依托丰富的生态文化旅游资源,把旅游业作为当地促进镇域经济发展的主导产业和推动脱贫的支柱产业。2019年实现地区生产总值14亿元,其中,旅游综合收入6亿元,农民人均纯收入达11385元。全镇共有旅游企业5家,农家乐及民宿780家(贫困户220家),通过发展旅游企业、农家乐、民宿等方式提供就业岗位1200个,带动2300名贫困人口脱贫,为全镇脱贫摘帽打下了坚实的基础
神农架林区红坪镇	神农顶风景区 红坪画廊风景区 燕天风景区	该镇借助全区实施"全域景区、花园城镇、美丽乡村"的发展战略,依托临近神农顶和燕天景区、国际滑雪场和神农架机场、武神生态旅游公路的区位优势加快发展旅游业和美丽乡村建设,开展旅游扶贫。2017年实现全区农村公路总里程达到1535公里,全区建制村通畅率达100%、通客车率达100%。2018年年底实现红坪贫困人口整体脱贫,贫困户全部脱帽,村集体经济收入达5万元以上的目标

4.2.3 旅游名村创建

2009年3月,湖北省启动了100个试点旅游名村的创建活动。2019年湖北省文化和旅游厅新增旅游名村20个,分别为黄陂区杜堂村、江夏区童周岭村、老河口市李家染坊村、保康县格栏坪村、长阳县郑家榜村、宜都市青林寺村、夷陵区许家冲村、大冶市沼山村、竹山县太和村、洪湖市珂里村、石首市过脉岭村、钟祥市马湾村、梁子湖区万秀村、华容区武圣村、大悟县金岭村、罗田县燕窝垸村、蕲春县棠树岭村、通城县内冲村、随县龙泉村、利川市白鹊山村。根据2019年湖北省旅游名村的区域特色，依据旅游资源类型和丰度，可分为以下四类：自然生态依托型、历史文化依托型、特色产业带动型以及民俗文化依托型，主要典型代表如表4-3所示。湖北旅游名村近十年来取得了巨大成就，在即将到来的"十四五"期间，政府更应发挥引导作用，加大投资力度，充分发挥湖北省钟灵毓秀的生态人文优势，优化旅游业态结构，不断提升旅游名村的旅游发展质量，促进乡村旅游持续、健康和快速发展。

表4-3　2019年湖北旅游名村分类及典型案例基本情况

分类	典型代表	基本情况	其他代表
自然生态依托型	武圣村	位于鄂州连接黄冈的长江大桥桥头，自然环境优美，在政府扶持下，大力发展生态农业和生态旅游，2013年引进台湾杏福农业生态园，成功实现村企帮扶，生态旅游很快成长为全村新的产业支撑	燕窝垸村 杜堂村 童周岭村 郑家榜村 许家冲村 沼山村 太和村
历史文化依托型	大余湾	位于湖北省武汉市黄陂区木兰乡，古村始建于1369年，村内的明清时代古民居有600多年的历史。依托历史文化遗存，通过打造民俗文化演艺和体验，多维度全方位再现大余湾民俗文化历史风情，成为永不消失的村庄	珂里村 过脉岭村 马湾村 内冲村 龙泉村
特色产业带动型	格栏坪村	位于保康县东南部，版图面积8.5平方公里，现有茶园4800亩，是保康县茶叶产业第一大村。该村结合自身茶产业的良好基础，率先提出建成全省茶旅融合发展的示范村，并且以高标准举办了三届茶文化旅游节，每届接待省内外游客突破5万人次，与茶叶相关的旅游综合收入突破1000万元	棠树岭村 白鹊山村
民俗文化依托型	李家染坊村	近年来，李家染坊村重点从文化建设入手，把历史文化、民俗文化植入到美丽乡村建设中，现有老爷车馆、手工作坊馆（豆腐馆和染房染布馆）、奇石馆、农耕文化馆等四个民俗文化展馆，将李家染坊村打造成了例如景区式的美丽乡村、旅游乡村、民俗文化特色乡村，吸引了大批游客前往探访民俗文化	青林寺村 金岭村

4.2.4 农家乐发展建设

近年来，湖北省各地以农村自然生态环境、人文历史和传统风俗、现代农业文明、淳朴乡土文化等乡村旅游资源为基础，坚持把农家乐作为旅游名镇（名村）创建的重要内容和乡村旅游的重要节点，积极发展农家特色美食、乡村农事体验、农业科普教育、生态环境观光、乡村娱乐休闲、乡村民俗文化、乡村度假养身等多种类型的乡村农家乐，不断适应城市居民消费结构升级需要，满足了城乡居民日益增长的旅游消费需求，促进了农村富余劳动力就地就近转移。根据《湖北省农家乐星级划分与评定标准》，将湖北省农家乐星级划分为五个等级，从低到高依次划分为一星级、二星级、三星级、四星级、五星级。据统计，截至2018年，湖北省共评定产生了152个五星级农家乐、292个四星级农家乐，农家乐逐渐成为游客中短途旅游的首选之一。以黄陂区为例，依托便利的交通和5A级景区木兰草原的带动，黄陂区拥有湖北全省最多的五星级农家乐，共12家，分别是丰华生态观光园、垄上佳园、地丰园生态农庄、北湖水乡、古潭田园、木兰假日山庄、天成大院、林海农庄、木兰胜天农庄、映象桃源、双龙度假村、武汉木兰湖丹桂坪度假山庄。黄陂区农家乐产业的蓬勃发展，不仅有利于缓和当地农村剩余劳动力问题，增加当地农民的收入，还有助于促进整个地区农业产业结构的调整，有效地推动农村精神文明建设。

4.3 乡村旅游扶贫发展经验及问题

4.3.1 乡村旅游扶贫发展经验

4.3.1.1 政府主导是乡村旅游得以快速发展的前提

近年来，湖北省政府相继制定了《湖北旅游强县评定规范》（DB42/T 761—2011）、《农家乐星级划分与评定》（DB42/T 732—2011）、《湖北旅游名镇评定规范》（DB42/T 1173—2016）、《湖北旅游名村评定规范》（DB42/T 1172—2016）、《湖北省示范休闲农庄评定条件》（DB42/T 313—2016）等地方标准，促进了全省乡村旅游发展的标准化与特性化。2015年后又相继制定发布了《湖北省乡村旅游发展规划》（2016—2025）、《湖北省脱贫攻坚规划》（2016—2020），对乡村旅游的发展起到了很好的规划与指引。除此以外，2009—2017年，湖北省共投入财政资金5.5亿元用于扶持旅游发展，主要用于基础设施建设、宣传推介和旅游服务设施的改善。

4.3.1.2 共建共享是乡村旅游得以快速发展的落脚点

乡村旅游的建设目的，既是外来游客的旅游乐土，也是本地居民的幸福家园，不仅是宜游之地，也是宜居宜业之城。湖北省乡村旅游的发展始终贯彻主客共享的理念，在区域发展过程中不仅为外来游客提供优质的服务，同时也充分考虑本地居民的休闲需求。例如，宜昌市夷陵区每年整合资金10多亿元，实施乡镇集镇改造、农村环境整治、旅游干线民居改造等项目，努力把乡村旅游点打造成为本地乡村居民休闲享受的一方乐土。目前，夷陵区百里荒、龙泉古镇、三峡奇潭、香景源、富裕山等一批乡村休闲度假旅游点建成开放，朱家楼子中医药康养、十八湾特色民宿、店子河避暑山庄等一批乡村旅游新业态备受自驾游和自助游客的青睐，广大外地游客与本土居民和谐共享乡村旅游建设成果。

4.3.1.3 农民是乡村旅游得以快速发展的主力军

发展乡村旅游的关键是要使广大农民得到实惠。因此，在乡村旅游发展过程中，把农民作为旅游开发的主体、建设的主体、服务的主体，同时，也要使之成为利益主体、发展成果享受的主体。通过增加农民就业机会、加强对农民的文化知识和劳动技能培训等手段促进农民发展。2014年，宜都市建设九凤谷景区。九凤谷景区紧临弥水桥村，当地政府充分发动农户以不同形式参与到乡村旅游开发中，景区也通过招工、采购、公益等形式给农户实际支持。在修建通往景区的生态旅游公路时，全村100余户村民无偿让出72亩田地，支持修建生态旅游公路。2018年"五一"假期，两万多名游客涌进弥水桥村的三峡九凤谷景区，当地茶叶、蜂蜜等农副产品供不应求，农家乐餐饮一桌难求，景区与全村群众实现了互利双赢，宜都市弥水桥村成为乡村旅游开发经营过程中尊重、保障和实现农民主体地位的典范。

4.3.1.4 示范带动是乡村旅游得以快速发展的重要基础

及时归纳、总结与提炼乡村旅游发展过程中各种典型、样本、模式与经验。依托开发途径与依托资源划分，全省乡村旅游发展模式可以分为：城市依托型（夷陵区官庄村、东西湖区石榴红村）、景区依托型（恩施市沐抚办事处、松滋市樟木溪村）、产业依托型（保康县尧治河村、谷城县堰河村）、历史文化依托型（五峰县栗子坪村、咸丰县唐崖镇）、景观依托型（崇阳县大岭村、钟祥市南庄村）、民俗依托型（来凤县百福司镇）、创意主导型（郧阳区樱桃沟村、江夏区小朱湾）。大力推进全行业交流与学习，推广成功经验与做法，利用会议、培训、网络、调研等时机，促进全省范围内乡村旅游典型经验、发展模式的互相学习与借鉴，从而持续地掀起推动乡村旅游发展的热潮与激情。

4.3.1.5 乡村振兴战略的实施为乡村旅游的发展提供了新的时代机遇

党的十九大报告提出了乡村振兴战略，把乡村振兴作为全面建成小康社会和全面建设社会主义现代化强国的重要内容之一。具体到地方来说，要落实乡村振兴战略，就必须要结合自身的特色和优势，找到合适的产业和发展方式，培育农村经济中的新产业、新业态。2018年，湖北省人民政府印发了《湖北省乡村振兴战略规划（2018—2022 年）》，规划中指出，要推动荆楚优秀文化传承与发展，推进炎帝神农文化、楚文化、三国文化、武当文化、孝文化、鄂西巴土文化、大别山红色文化、三峡文化等特色文化传承工作，繁荣乡村文化事业，增强文化自信，提升乡村振兴"软实力"。大力发展休闲旅游、农业科普、现代民宿、民族风情游、养老养生等新业态。将文化资源转化为文化创意产品、民间艺术、民俗表演等，培育屈原故里端午文化节、炎帝神农故里寻根节等一批特色文化活动品牌。实施乡村振兴战略以来，湖北省积极挖掘、培育和发展农村新产业新业态，充分利用各乡镇农业农村具体资源优势，乡村旅游发展乘势而上，成为乡村振兴有效路径。

4.3.2 乡村旅游发展存在问题分析

与全省经济发展水平相比、与乡村旅游发达省份相比，湖北省乡村旅游发展仍存在较大差距。主要有以下几个方面。

4.3.2.1 基础设施建设亟待提升

乡村旅游的建设，首要任务是村镇人居环境的完善与优化。目前，湖北省发展旅游的村镇环境卫生、污水处理等农村整体环境整治优化的力度不大；道路交通成为乡村旅游发展的瓶颈，特别是乡村旅游点与省道、县道的连接公路，大部分都是泥路，路面过于狭窄；改厨、改厕、改房、整治庭院等升级工程覆盖面不高，乡村容纳能力不够。

4.3.2.2 规划引领的力度仍需加强

湖北省乡村旅游规划统筹不够，同质化现象严重，能够体现湖北本域特色个性化的产品不多；集中连片区域较少，规模效益不明显，乡村旅游本身所拥有的社会功能发挥不明显；乡村旅游中小微企业效益难以保障，季节性特点明显，持续化经营、长远化发展步履维艰；组织化水平不高，单打独斗多，协会、合作社等社会组织缺失，行业自律、信息共享、抱团发展的意识薄弱。

4.3.2.3 产业深度融合任重道远

乡村旅游产业融合还处于旅游产业与农业产业、文化产业、商贸产业等对接、嵌入的初级阶段，没有实施有效的多个融点进行相互渗透和交叉。农业产业在乡村旅游中应有的附加值、增加值偏少偏低，农业产业链的前后拉伸拉长力度不够；乡村文化的灵魂IP、元素整理不够，不可溯回的文化资源流失严重；商贸产业搭建的各型平台通用性不强，不能够容纳乡村旅游广阔的市场，还不能适应乡村旅游发展的需求。

第5章　湖北省乡村旅游扶贫模式

5.1 湖北省贫困地区分布及致贫原因分析

5.1.1 贫困概念的演化

贫困理论由最初的绝对收入贫困到相对收入理论，再发展到 Amartya Sen 为代表的能力贫困理论，贫困概念也经历了由收入贫困到多维贫困发展的过程。贫困理论的不断发展演化，为政府的反贫困政策提供借鉴，对世界各国的扶贫工作及其进展起着重要的指导作用。贫困主体识别、贫困程度测量以及反贫困政策选择共同构成贫困问题研究的主要内容，其中贫困主体识别主要取决于贫困概念。从维持最低生活所必需的经济资源或收入水平界定来测度贫困，到目前普遍采用多维贫困指数测量贫困，人们对贫困的认识经历了一个由静态到动态、客观到主观、模糊到确定、一维（收入/消费贫困）到多维（包含收入、教育、健康、就业和居住条件）的发展过程。

20世纪初，英国经济学家 Rowntree 在《贫困：城镇生活研究》一书中首次提出了贫困的概念，即一个家庭的收入不足以维持其生理功能的最低需求（衣服、食物、住房以及取暖等基本项目）。随着贫困问题研究逐渐深入，学界涌现了一批重要理论成果，包括经济学视角的基本需求理论、社会学视角的社会排斥理论、发展学视角的能力贫困和多维贫困理论、政治学视角的权利贫困和阶级理论等。其中，以 Amartya Sen 为代表的多维贫困理论最具影响力。该理论从"能力""功能""权利"等角度来讨论贫困问题。他指出，一方面，不能把贫困仅仅看成是收入缺乏或消费水平低下，贫困的实质是人们缺乏改变其生存状况、抵御各种生产或生活风险、抓住经济机会和获取经济收益的"能力"，或者其能力"被剥夺"了；另一方面，现代社会的贫困往往是与收入分配不平等相伴随的，即贫困人口无法平等地获取或接触到许多产品和服务（尤其是公共品），不具备把这些产品转化成效用的"功能"或"权利"。自此之后，学界不断地从指标选取、测算方法公理化等方面丰富和完善多维贫困理论。目前最有代表性的贫困测量方法包括收入/消费标准法、人类发展指数（Human Development Index，HDI）、脆弱性—可持续生计分析框架（Sustainable Livelihoods Approach，SLA）、多维贫困指数（Multidimensional Poverty Index，MPI）等，其中HDI和MPI在世界银行和联合国开发计划署等国际机构和组织得到广泛运用。

事实上，马克思关于资本主义条件下无产阶级的贫困理论也是一种多维贫困理论。马克思认为，无产阶级贫困的表现形式不仅包括低水平的工资和消费，还包括饮食营养、居住条件、工作时长和环境等；除物质贫困以外，还有健康贫困、福利贫困、精神贫困等多方面的贫困，"多维贫困"逐渐引起国内学者的关注。2013年，中共中央总书记习近平提出了"精准扶贫"概念，指出"扶贫要实事求是，因地制宜"，这改变了中国以往以收入为标准的粗放式扶贫，开启了"精准扶贫"的新阶段。贫困人口脱贫的标准为"两不愁三保障"，即"不愁吃、不愁穿，保障义务教育、基本医疗和住房安全"，这也从多维角度解释了脱贫的标准。

5.1.2 湖北省贫困地区分布

湖北省贫困区域主要分布在：大别山区、武陵山区、秦巴山区、幕阜山区，其中，《中国农村扶贫开发纲要（2011—2020年）》中明确指出将秦巴山片区、武陵山片区、大别山片区等11个特困连片区作为全国集中连片特困地区，而幕阜山区则是湖北省扶贫规划的范畴。四大贫困区总体特征表现在：贫困人口数量较多，致贫原因复杂；环境承载能力不足，开发与保护矛盾突出；区域经济略显滞后，科技支撑乏力；基础交通制约突出，区域发展差异大。

从另一方面来看，四大贫困片区旅游资源较为富集，具有发展乡村旅游扶贫的基础。由于较少受到现代工业文明的影响，山区往往具有独特的自然生态环境，并保留有相对独立的民俗艺术文化，资源的独特性、唯一性和可观赏体验性强，具有旅游扶贫的先天优势。武陵山片区以浓郁的民族风情、典型的喀斯特地貌及富有特色的农产品著称；秦巴山区拥有神农架、武当山这两个世界级的旅游地，山水风光成为该区旅游扶贫的重要依托；大别山区以优美的乡村风光、红色旅游文化及避暑胜地而闻名；幕阜山地则拥有独特的田园风情、山水林洞等自然风光。旅游扶贫已成为四大贫困片区的主要扶贫模式，通过推进旅游与农业、区域传统产业的融合，带动贫困村的资源开发和产业发展，促进该区顺利脱贫（见表5-1）。

表5-1 湖北省四大贫困片区乡村旅游扶贫概况

四大片区	资源禀赋	旅游产业扶贫发展目标
大别山区	红色文化灿烂；绿色生态资源独特，名人文化资源厚重。	依托区位条件、红色文化与绿色生态资源特色和市场需求，大力发展红色文化旅游、绿色风光生态旅游、历史文化健康旅游
武陵山区	生态旅游资源丰富，自然景观独特，组合优良，极具开发潜力。	用文化独特的山水生态和民族文化资源优势，促进资源产业转型，打造省际生态文化旅游协作区，建成生态文化旅游胜地
幕阜山区	山岳、湿地、溶洞、温泉休闲旅游、古民居文化旅游。	以农业科技园为依托，打造精品品牌。利用古民居、旧址、林区等独特资源，发展民俗风情园、休闲养生园、农家体验园等乡村旅游
秦巴山区	山地资源丰富，历史文化厚重，人文生态优势突出，风景独特。	以武当山、神农架为龙头，将生态休闲、科普观光、健康养生为发展方向，发展农家乐、民俗村、休闲农业园等多形态的休闲旅游业

资料来源：宋良言.贫困居民对旅游扶贫的感知及参与行为研究[D].湖北大学,2017.

5.1.3 致贫原因分析

贫困原因复杂多样，地理区位、经济发展、国家政策、产业基础以及居民自身的文化素质等都会造成区域性贫困。湖北省四大贫困区域的致贫原因，归纳起来主要有：

5.1.3.1 生态环境脆弱，自然灾害频发

从地形地势上分析，湖北省四大贫困片区均位于山区。普遍存在交通制约、农业生产基础条件差等问题。以大别山区为例，据统计，大别山区常发泥石流面积占区域总面积1/3，滑坡分布面积约占25%。洪涝、干旱、火灾等自然灾害频发，对当地生态环境造成严重损害。此外，片区内的森林面积虽呈现出增加趋势，但很多问题仍然突出，如森林总量不足、分布不均匀等，整个片区内的森林生态系统稳定性不高，生态保护任务艰巨。而且，经过多年的扶贫工作，易脱贫的区域贫困问题已经解决，仅剩贫困程度较深、自身发展能力偏

弱的贫困人口。受"安土重迁"思想的影响，贫困人口不愿搬出长期居住的交通不便利、基本生产生活得不到保障的偏远山区，其生存条件仍极为艰苦，生存环境十分恶劣。

5.1.3.2 基础设施建设滞后，社会事业发展缓慢

四大片区大多地处偏远山区，山广人稀，自然地质灾害频发，整体生存条件较差，人居环境较为恶劣，自然资源尚未得到有效的开发。由于地理位置、自然环境等，四大片区的基础设施建设相对落后，基本公共服务体系不健全，社会事业发展缓慢。再者，贫困山区往往开发建设的施工难度大，开发建设的成本高，这也加重了其贫困程度，阻碍其脱贫攻坚的工作进展。

5.1.3.3 居民文化素质偏低，社会文明程度不高

劳动力文化素质低，既是贫困的结果，又是造成贫困的原因。由于劳动力文化素质低，思想观念落后，农民脱贫致富渠道不广阔，收入来源狭窄。在贫困山区，农民没有明确的家庭发展思路，没有技术、管理等能力，在农业生产上表现出随意性、盲目性和从众性，农业生产效益不高。除了农业收入以及外出打工收入，没有其他渠道获得收入。由于文化水平低，有的打工者没有掌握一技之长，在市场经济的浪潮中，只能依靠卖苦力获得劳动收入，这样造成收入低，甚至有的只能养活自己。另外，村民安于现状，还存在严重的"等、靠、要"思想，宁可苦熬不愿苦干，缺乏治穷致富的进取意识。

5.1.3.4 集革命老区、民族地区于一体，贫困程度深

湖北是革命老区比较集中的省份，全省现有老区乡镇864个，遍及74个县（市、区）。全省革命根据地如鄂豫皖、湘鄂赣、湘鄂西、湘鄂川黔等，这些地方属于革命老区，发展相对缓慢。另外武陵山区是我国内陆跨省交界地区面积最大、人口最多的少数民族聚居区，处于西部大开发和中部起战略交会地带，属全国14个集中连片特困地区之一。革命老区、民族地区均属于交通不便、环境恶劣，发展滞后，人才匮乏的地区，严重制约了当地的发展，造成贫困程度较深。

5.2 湖北省乡村旅游扶贫的SWOT分析

SWOT分析法是一种综合分析方法，主要通过分析研究对象的内外部条件，其中内部条件包括优势（Strengths）、劣势（Weaknesses）和外部条件包括机遇

（Opportunities）与威胁（Threats），从而制定出相应的计划和策略。综合考虑湖北省乡村旅游扶贫的条件，对其进行 SWOT 分析。

5.2.1 内外部优劣分析

5.2.1.1 （内部）优势

（1）旅游资源丰富，区位优势明显。乡村旅游发展迅速，市场需求旺盛，产业体系初步形成，发展潜力大。

（2）作为劳动密集型产业，乡村旅游产业链长，带动能力强，有着其他产业无法相比的扶贫优势。

（3）门槛低，最大限度地利用当地劳动力，促进可持续发展，实现"造血式"扶贫。

5.2.1.2 （内部）劣势

（1）致贫原因复杂，贫困程度深。

（2）各地旅游资源分散，品牌效应不强，导致出现"旅游品牌多，集聚效应弱"的现状。

（3）专业人才匮乏，片面强调对自然资源的挖掘，产业融合不够，缺乏整合旅游与其他产业资源的思维和能力。

（4）基础设施薄弱，交通不便，乡村旅游配套设施建设滞后。

5.2.1.3 （外部）机会

（1）国家多部委联合出台相关政策，如《关于支持深度贫困地区旅游扶贫行动方案》，为深入实施旅游扶贫工程提供了政策保障。

（2）《乡村振兴战略规划（2018—2022 年）》中明确提出发展乡村旅游，大力发展生态旅游产业，打造乡村生态产业链，推动文化、旅游与其他产业深度融合、创新发展。

（3）湖北省扶贫政策文件出台：《湖北省农村扶贫开发纲要（2011—2020年）》《湖北精准扶贫实施方案》《湖北省产业精准扶贫规划（2019—2020年）》《湖北省脱贫攻坚规划（2016—2020 年）》。

（4）湖北省乡村旅游扶贫规划文件的出台，为湖北省旅游扶贫指引了方向。2016 年年初，《湖北省乡村旅游发展规划（2016—2025）》提出了几个乡村旅游扶贫模式，为湖北省各地的乡村旅游扶贫发展指明方向，具体包括景区带动模式、农家乐接待模式、旅游合作社模式、全域景区化模式、旅游名村（镇）创建、特色产业带动、农业旅游扶贫模式、民俗文化村等带动扶贫。

5.2.1.4 （外部）威胁

（1）以市场为导向的企业经济效益最大化与强调社会责任、生态效益的扶贫取向存在一定矛盾和冲突，不合理开发导致生态环境的恶化。

（2）产品同质化严重，乡村旅游发展后劲不足。

5.2.2 相应计划和策略

5.2.2.1 SO（发挥优势，利用机会）

（1）充分把握中央和地方对开展旅游扶贫的政策机遇，制定乡村旅游精准扶贫规划，统筹盘活区域旅游资源。湖北省分布有大别山区、武陵山区、秦巴山区、幕阜山区四大贫困山区，应充分利用大别山区的红色文化与绿色生态资源，以武陵山区的山水生态和民族文化资源为卖点，以幕阜山区的农业科技园为依托，打造精品品牌，秦巴山区武当山、神农架为龙头，将生态休闲、科普观光、健康养生为发展方向，发展农家乐、民俗村、休闲农业园等多形态的休闲旅游业。

（2）以发展乡村旅游业为抓手，在新时代新形势下，培育经济发展新功能，加快贫困人口脱贫致富。湖北省在乡村旅游开发中要充分发挥山区自然资源优势，保护好生态环境，突出民族文化特色，科学规划，有序开发，切实带动贫困人口脱贫致富。

（3）做好脱贫攻坚与乡村振兴的有效衔接，抓紧完成脱贫攻坚任务，以乡村振兴巩固脱贫成果，抓紧研究制定 2020 年后减贫、预防返贫战略。

5.2.2.2 WO（克服劣势，利用机会）

（1）加强宣传教育和技能培训，调动贫困人口参与积极性。按照村景一体化、全域景区化的要求，鼓励并大力引导旅游资源、扶贫资金入股参与到旅游开发中去，积极开展乡村旅游创业培训，增强重点乡村旅游发展能力。

（2）创建乡村旅游示范区，以点带面，示范引领。持续深入开展"五级联创"（旅游强县、旅游名镇、旅游名村、星级农家乐、休闲农业与乡村旅游示范点）活动，开展旅游规划公益扶贫行动，帮助贫困村开展旅游规划编制、旅游项目策划、旅游商品研发、旅游服务提升和旅游营销推广，带动贫困户增收。

（3）利用政策机遇，增加资金供给。在旅游扶贫开发当中，湖北省应充分利用乡村振兴战略、旅游扶贫等政策，适应自驾游、养生游、休闲游等旅游新业态发展需要，加强旅游基础设施建设，特别是大别山区革命老区、武陵山区等边远山区的建设，完善旅游服务体系，丰富旅游产品，促进品牌化经营、规范化管理。

5.2.2.3 ST（利用优势，回避威胁）

旅游产业属于劳动和资金密集型产业，湖北省乡村旅游发展快、潜力大、加强乡村旅游品牌宣传，让企业和贫困人口共同享受产业发展红利。发挥乡村旅游的综合带动效应，促进一、二、三产业融合发展、集群发展，提高旅游扶贫总体效益。

5.2.2.4 WT（减少劣势，回避威胁）

（1）创新旅游产品，因地制宜，因户施策。扶持贫困群众开展旅游创业就业，鼓励先富帮后富、先富带后富，积极探索以旅游资源、扶贫资金等入股参与旅游开发，让贫困群众从旅游业发展中获得稳定收益，提高旅游扶贫的精准度和有效性。

（2）发挥财政资金的引导和撬动作用，引导社会各类资金投资共同实施乡村旅游开发。

5.3 乡村振兴背景下乡村旅游扶贫模式

乡村旅游作为一种将一、二、三产业相融合而衍生的新型旅游业态，在优化农村产业结构、带动农民增收、促进农民就业、改善农村生产生活环境、推动乡村治理、传承乡土文化、增进城乡互动等方面所发挥的作用日趋明显，从短期看是贫困地区扶贫攻坚的有效方式，从长远看是乡村振兴的重要引擎。

"第二届全国乡村旅游与旅游扶贫工作会"上指出四种扶贫模式值得肯定，分别是"景区带村"模式、"能人带户"模式、"公司+农户"模式、"合作社+农户"模式。具体可以操作的模式样本，概括起来有五种主要模式，即"景区带村"模式、"旅行社带动"模式、"能人带户"模式、"公司+农户"模式和"合作社+农户"模式。旅游扶贫模式在某种程度上代表了区域旅游扶贫的方向和途径，因此，该问题引起了学术界的关注，分别从各自的研究区域提出了相应的旅游扶贫模式选择和构建。原湖北省旅游局在对数十个旅游景区实地调查的基础上，提出了"亦农亦旅、移民安置、景区带动、政府主导"等四种扶贫模式；学者们也提出了多种扶贫模式，如胡锡茹针对云南的旅游扶贫实践，提出了生态旅游扶贫模式、民族文化旅游扶贫模式、边境旅游扶贫模式三种基本模式；郭青霞提出了湖北省两大贫困区域的扶贫战略；梁明珠提出了旅游扶贫与"三农"利益结合起来的旅游扶贫思路，吴铮争和杨新军从我国西部地区生态环境的现状出发，探讨了生态补偿机制下的旅游扶贫思路和措施；丁焕峰运用"参与式"的理论，分析了贫困社区参与旅游发展与其扶贫的关系。结合湖北省乡村振兴及乡村旅游扶贫模式，其主要的旅游扶贫模式有以下几种。

5.3.1 景区带村模式

"景区带村"模式是以"建设一个景区，致富一方百姓"为理念，坚持以核心景区带动为抓手，把乡村旅游景区的部分服务功能分离出来，引导景区周边农户参与景区服务和营销产品，利用景区自然资源、人文资源和地理优势，开发乡村旅游业，让旅游扶贫点农户享受景区带来的发展红利，最终实现贫困村与贫困户的脱贫致富的一种旅游扶贫模式。坚持旅游景区发展与农民转移就业结合，带动当地及周边居民开展食宿接待、承包景区游乐设施、到景区务工，配套供应农牧产品和旅游商品销售等活动，促进农民劳动力从第一产业向第三产业转移，拓宽农民增收渠道，实现脱贫致富。

案例1：山区旅游扶贫新路径：恩施大峡谷风景区①

恩施大峡谷风景区管理处地处恩施市西北部，国土面积180平方公里，总人口3万余人，其中建档立卡贫困人口占30%以上。恩施大峡谷风景管理处是国家5A级景区恩施大峡谷核心所在地，境内自然景观奇特。同时，恩施大峡谷风景管理处所在的恩施市民族文化浓郁，是湖北省十大历史文化名城之一，"恩施女儿会""撒尔嗬""傩戏"等文化元素是中国少数民族文化奇珍。这些资源优势，可以通过旅游产业进行保护性开发，能够更好地把资源优势转化为经济社会发展优势，进而推动区域发展转型升级，形成新的支柱产业。

旅游扶贫开发前，恩施大峡谷风景区管理处是贫困连片区域，是当地有名的"空心村""光棍村"。近年来，管理处围绕丰富的旅游资源促进现代农业与旅游产业深度融合，"摘穷帽""拔穷根"取得明显成效。截至2017年年底，全

---

① 黄向前.积极探索山区旅游扶贫新路径——以恩施大峡谷风景区管理处为例[J].中国经贸导刊,2018(33):54-56.

区累计脱贫 1434 户 5090 人，占总贫困人口的 55.06%。恩施大峡谷作为典型的"景区带村"扶贫模式，主要采取以下 4 个举措。

（1）**依托龙头景区打造，推动创业脱贫。**近年来，恩施大峡谷风景区管理处以景区为依托先后落实扶持资金 1500 万元，发展农家乐 320 余家，直接带动 540 户 1620 人脱贫。景区累计投入资金 52 亿元，实施旅游综合配套、提档升级和重大项目建设，2015 年成功创建为国家 5A 级景区，目前年游客接待量已超过 100 万人次，成为全市乃至全州旅游的龙头精品项目，大峡谷景区的成功建设吸引了一大批人创业脱贫。

（2）**落实相关配套政策，带动就业脱贫。**一是景区反哺，吸纳就业。景区管理和服务优先录用当地村民，大峡谷风景区先后吸纳 1343 人就业，另有 2000 多名贫困人口从事旅游相关行业，景区对农民纯收入的贡献率超过 70%。二是低价租赁，扶持就业。大峡谷风景区自建商铺 203 个，低价租给失地农户经营，商铺年均利润达 4.5 万元，最高达 20 余万元，带动了 98 户 323 人脱贫。三是邻里互助，辐射就业。支持 642 家个体工商户围绕旅游拓宽市场，创造就业岗位 2000 余个，直接带动 260 户 780 人脱贫。同时强化失地农民培训，引导其向产业工人转变，并引导相关企业将其吸纳在"家门口"就业，带动 545 户 1575 人脱贫。

（3）**围绕产业融合发展，促进互助脱贫。**一是坚持"旅游 + 农业"融合发展。先后引进润邦、花枝山、凯迪克等一批农业产业化龙头公司，采用"龙头企业 + 合作社 + 基地 + 农户"模式，发展现代观光休闲农业，培育富硒茶叶、土家腊肉等特色旅游商品。全处建成现代农业基地 4.1 万亩，发展农民专业合作社 19 家，带动 320 户 960 人脱贫致富。二是坚持"旅游 + 城镇"融合发展。结合全域旅游综合配套，近三年累计争取资金 5.2 亿元，实施沐抚古镇建设、特色民居改造、土地综合治理等项目，形成了"村村寨寨是景区、家家户户是宾馆、人人个个做旅游"的良好格局。三是坚持"旅游 + 互联网"融合发展。大力引进和发展电商平台，销售本地特色旅游商品。全处已发展电商 38 家。

（4）**强化社会共同参与，保障兜底脱贫。**一是土地流转一批。近几年来，结合大峡谷景区建设推进，先后对 326 户村民的荒山进行流转，户平补偿 20 万元，151 户 460 人摆脱贫困。通过实施重点旅游项目建设，征收土地 2320

亩，流转土地5000余亩，带动贫困户313户1097人脱贫。二是政府兜底一批。坚持财政向民生倾斜，将景区资源占用费、门票收入的5%用于基础设施建设和社会保障项目，解决了一大批民生难题。三是企业帮带一批。引导辖区企业特别是涉旅企业履行社会责任，助力精准扶贫。已有62户贫困户204人与企业结成对子。四是社会帮扶一批。在每个村民小组评选2~3户致富先进户，每户结对帮扶1户贫困户，共结成帮扶对子365对，实行"帮钱帮物帮主张"。

5.3.2 能人带户模式

所谓"能人带户"是指在乡村旅游发展中，以一些具有突出经营管理能力或其他特殊才能的人为主导，带动贫困户参与乡村旅游服务，从而实现共同致富的发展模式。"能人"是指那些有智慧、有技能、有进取精神，敢干事、敢创业，能干事、干成事，在创业致富和推进发展方面发挥示范引领作用的人。一般来说，"能人"主要分为三类：一是本土能人，即土生土长的本地精英，在当地拥有较高的声望和经济社会地位，相对于普通人拥有较多的资源，如发展乡村旅游所需要的资本；二是返乡能人，通过自我创业、外出打工等方式积累了资本、技术、知识等社会资源，在近几年乡村旅游发展大潮中，返乡创业；三是外来创客，以大学生、专业艺术人才、青年创业团队为主要群体，在乡村地区从事旅游创业项目或实践活动，致力于通过先进的理念与技术，创新发展乡村旅游新产品、新业态、新体验的个人、企业或团队组织。湖北省加大改革创新力度，实施"市民下乡、能人回乡、企业兴乡"试点工程（又称"三乡工程"），从而带动贫困地区顺利脱贫。

案例2：黄冈市神峰山庄"能人闻彬军"带领村民共走旅游致富路

神峰山庄位于革命老区黄冈大别山腹地，是集观光、休闲度假、养生养老为一体的乡村旅游区。2013年以来，闻彬军投资1.6亿元建设了神峰山庄，以能人带户为依托，以"旅游+有机农业+文化+康体养老"为路径，创建了大别山片区"能人带户"旅游扶贫模式。

每年平均接待游客20万人次，产值1.7亿元。神峰山庄通过以下两种经营方式直接促进当地农民就业2320人，带动1万多农户、3万多人脱贫。

（1）**转变扶贫理念，致力旅游产业脱贫。**神峰山庄以"农旅融合"为经营理念，三年时间建设了占地5000亩的大别山农特产品产销一体化产业园，下属食品科技园、物流配送中心、果蔬家庭农场、4.9万亩种养基地，形成了环山庄的10公里休闲农业观光带，带动周边千家万户发展种养业。另外，全面推行"大别山粮草肉油全程可控"理念，养殖实行"五统一"（圈舍、种苗、饲料、芯片跟踪、营销）管理，种植不施化肥农药，黑禧猪、眼镜山鸡、生态沼液菜等90多个主打产品供不应求。同时，打造"千里挺进大别山生态循环农业体验游"品牌，实施"中国好农业——生态农业进万家工程暨助力奥运膳养天年惠民工程"，在武汉、北京、天津等重点城市开办"神峰山庄农乐园"30个，实现了旅游无淡季的经营模式。

（2）扩大土地流转，提供"四重保障"体系。神峰山庄采取"公司＋基地＋种养合作社＋农户"方式，流转土地2.1万亩，企业为农户提供生存保障、就业保障、增收保障、致富保障"四重保障"，确保村民就业和增收，实现规模经营，在周边5个乡镇21个村营造幸福和谐的美丽乡村家园。按照"培养一名员工脱贫一个农户，培植一个种养专业户致富一个家庭，发展一个种养合作社小康一片山村"的思路，即培训新型农民、扶植领头户、发展专业村三种方式打造一大批脱贫致富的领头羊，同时吸引"创客"投身当地乡村旅游，发展多种养殖基地和旅游经营实体。

5.3.3 "公司+农户"模式

"公司+农户"模式是以扶贫公司牵头，吸纳当地农民参与旅游项目的服务与管理，定期进行检查，并对农户的接待服务与提供旅游产品进行规范管理，从而保证产品质量和服务质量的经营管理模式。该模式主要通过支持有实力的公司将农户闲置的资产和富余的劳动力进行整合，发展乡村旅游，带领农户走向富裕。

案例3：湖北旅游扶贫观察：四大模式助力湖北省乡村振兴[①]

位于十堰竹山总兵安村的盛茂园林绿化公司以旅游为抓手，与贫困群众结为利益共同体，促进了当地群众的脱贫致富。农户以土地为股份入股公司，公司将农户土地进行整合，投资500万元建立了苗木产业园，作为旅游开发重点项目。

———————————————

① 湖北省杜堂村："结合""融合"创新发展 实现乡村繁荣兴旺[EB/OL].央视网，2020-05-07.

公司与周边农户结对，由农户种植的苗木，根据景区需要，对农户的苗木优先采购。另外，公司鼓励农户进行种植花卉育苗，进行回收；通过多种途径，提高农户收入，公司除每年按每亩700元的标准向农户支付保底收入外，还进行分红。苗木产业园还吸纳贫困户就近务工增收，除日常用工以外，根据今年上级扶贫政策，针对具有务工能力的贫苦户，对其进行优先安排工作，根据本人的意愿，可以按照日薪制50元/天，或者安排固定工作岗位。三年来，共支付农户土地保底收益109万元，户平均增收9700元，其中贫困户增收8400元。

5.3.4 "合作社+农户"模式

"合作社+农户"模式是属于创新性的旅游扶贫合作模式，其主导是合作社，主要是在公司或能人带领下，农户聚在一起组建合作社，形成拳头力量，形成规模面对市场，规模化经营管理，达到集体脱贫的目的。

案例4：杜堂村：结合融合创新发展 实现乡村繁荣兴旺[①]

湖北省武汉市黄陂区姚集街杜堂村位于武汉市北部、国家5A级旅游景区——木兰文化生态旅游区中轴北端，省级黄土公路纵贯全村。全村13个自然湾、471户、1748人，杜堂旅游专业合作社于2017年5月成立，是"三乡工程"的典型代表。杜堂村先后获得"湖北省新农村建设示范村""湖北省最美休闲乡村"等荣誉称号。

黄陂区杜堂旅游专业合作社是由企业代表（木兰花乡）、村集体代表（杜堂村支部书记）和村民代表共同成立的。该村以旅游为纽带，村景融合，实现乡村繁荣兴旺、农旅富民，其核心是以乡村为基础，以旅游为纽带，以市场主体为支撑，以农民增收致富、农村全面振兴为目标，实现乡村繁荣兴旺。

首先，坚持政府引导，搭起乡村振兴政策平台。2017年开始，政府从顶层设计上完成了政策设计和投资引导，又相继出台武汉市"三乡工程"黄金20条、钻石10条，黄陂区全面促进乡村振兴30条，为实施"三乡工程"吸引各类市场主体投资搭建起基础平台。

其次，合作社成立后，积极鼓励村民们将闲置的房屋和空闲宅基地、集体建设用地入股到合作社。该社采取合作社（村民）投资和市民固定投资两种模

---

① 湖北旅游扶贫观察：四大模式助力我省乡村振兴[EB/OL].长江网,2018-10-19.

式，实行股份合作，村民与景区共同成立合作社，村民将闲置房屋作价入股到合作社，市民出资装修精品民宿运营获取收益。房屋入股的模式就是利用村民们的闲置房屋，按照每平方米1600元估值（100平方米的房屋估值即16万元），每年都会有10%的保底分红，上不封顶，这样就确保了村民们有合理稳定的收入。对空闲的宅基地、集体建设用地与企业合作开发利用，将杜堂村的113户农宅规划设计为美食区、文创区、民俗区、民宿区等，凭借特色风味、个性服务吸引来自四面八方的游客。村民通过土地流转收入、农房入股保底分红收入、就近就地就业工资收入、景区小本创业收入实现收入成倍增加。村民通过加入合作社，收入从过去单一的务工/务农收入转变成了四种收入，即土地流转收入（2000元/户·年）、房屋入股保底分红收入（2万元/户·年）、家门口就业的工资收入（2万元/人·年）以及村民依靠景区资源优势小本创业的收入，仅2017年杜堂村村民户均收入已达6.2万元。黄陂区杜堂村从美丽乡村建设，再到"三乡工程"的实施，到目前的"杜堂模式"，这个村从穷村变景区，荒山变花山，村就是景，景连着村，从一个拥有24个重点贫困户的"空心村"，成为当今新农村建设示范村。

5.3.5 生态旅游扶贫模式

案例5：湖北省十堰市樱桃沟村旅游扶贫发展模式研究

樱桃沟村，位于湖北省十堰市郧阳区茶店镇，因村内漫山遍野的野生樱桃树而得名，属于秦巴集中连片贫困区。2011年、2016年分别被评为"湖北旅游名村""中国美丽休闲乡村"，在湖北省乡村旅游开发及鄂西北秦巴山区旅游扶贫中具有典型代表性。

樱桃沟村以"农村建设得更像农村"为建设理念，创建了生态旅游扶贫新模式（见图5-1）。郧阳新街打造——旧房改造、庭院美化、景观修复、村庄绿化、道路扩宽、硬化黑化等为内容的公共设施建设项目。该村在充分利用樱桃等自然资源的基础上，十分重视环境整治，建有以垃圾分类、河道治理为核心的环境整治项目、垃圾分类中转站，成立有专门的环卫队，配备有垃圾清运车、洒水车；同时北京绿十字联合远方网、河南天禾园林绿化有限公司、中国乡村建设研究院入驻樱桃沟村，进行专业规划指导。

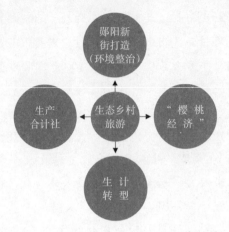

图 5-1　樱桃沟村乡村旅游扶贫模式

2008年，樱桃沟村借助当地樱花、樱桃、草莓的生态亮点和产业优势，大力发展当地生态旅游和乡村旅游，形成了"春赏花，夏品果，农家饭菜喷喷香"的良好乡村旅游氛围。该村着力打造一年四季都有风光带，即四五月份的樱桃、草莓，六七月份的桃子、杏，八九月份的葡萄、柿子，水果四季不断。

2010年，樱桃沟村被确定为郧县首批扶贫"连片开发"试点村，三年来，累计投入2001万元，其中财政扶贫专项资金330万元，其他县直部门配套资金1000万元，群众自筹371万元，群众投工投劳折合资金300万元。重点实施了产业基地建设、基础设施建设、发展社会事业等一系列项目。先后新建、改造小水果基地1400亩，蔬菜基地450亩，改扩建村组公路10公里，开展实用技术培训50余期，3600余人次。

2011年年底，小水果基地规模达到2400亩，蔬菜基地450亩，实现了"人平一亩果，户平一亩菜"的目标，仅此两项就可实现人均纯收入增加1000元，发展农家乐30户，扶持养殖专业户10户，种植专业户26户，致富产业初具规模。人均纯收入在1196元以下的贫困户为54户，减少84户，降低60.8%，贫困人口137人，减少356人，减少72.2%，全村人均纯收入达到4900元，樱桃沟也正在逐步成为城乡一体建设的先进区、新农村建设的示范村、名副其实的"生态旅游村"和扶贫开发的示范村。

2012年9月，北京绿十字联合远方网、河南天禾园林绿化有限公司、中国乡村建设研究院入驻樱桃沟村，本着"把农村建设得更像农村"的理念，对樱桃沟村的乡村环境整治、房屋改建、景观修复、旅游策划、美食挖掘等方面进行全位的规划建设，强化生态概念，突出旅游主题，着力打造国家南水北调源头的生态型乡村游典范。

2013年，该村以五零山居为代表的旧房改造、以六零院为代表的新房建设、以七零黄酒坊为代表的手工作坊建设、以郧阳新街为代表的古典汉派建筑群落，如今成了鄂西北乡村旅游的明珠。并于2011年被评为"湖北旅游名村"，2013被评为"湖北省休闲农业示范点"。全村85%的人在村内安居乐业，2016年全村人均纯收入突破万元大关，逐步建成了一个"富而好礼"的社会主义新农村。

5.3.6　"+旅游"模式

"+旅游"：将其他产业与旅游产业有机地结合，不仅为旅游业的发展提供内容和文化元素，同时也促进各行各业产业发展，最终实现各产业转型升级的旅游扶贫模式。

案例6：十堰市张湾区美丽乡村多业融合扶贫模式①

湖北省十堰市是鄂、豫、陕、渝毗邻地区唯一的区域性中心城市，位于华中、西南、西北三大经济板块的接合部，起着承东启西、通南达北作用。十堰是东风汽车公司的摇篮，同时也是南水北调水源地保护区，生态环境优美，自然风光秀丽。张湾区位于十堰地区中部，属于秦巴山片区，面积657平方公里，辖8个乡镇街道。近年来，张湾区抢抓秦巴山片区扶贫攻坚机遇，以乡村旅游为主线，通过规划引领、模式创新、政策驱动，走出了一条旅游带动脱贫致富新路子。张湾区紧紧围绕"美丽乡村"和精准扶贫"两大主题，积极开展旅游扶贫工作，充分利用区位优势、产业基础和资源优势，建设美丽乡村，加强乡村旅游与花卉产业、茶产业、电商、农业等产业的融合，助推产业转型。

（1）运用"花卉产业＋旅游"模式。花果街办位于张湾区西边城乡接合部，下辖6个社区、12个村，有农村人口2840户7515人，其中建档立卡贫困户598户1691人。花园村是花果街办的省级贫困村，贫困人口270人，占花

---

① 张军,蒋黄蓁苑,时朋飞.美丽乡村视域下的旅游扶贫模式与效应研究——以湖北省十堰市张湾区为例[J].湖北社会科学,2017(06):60-68+115.

果街办贫困人口的 16%。虽然地处近郊，但村庄面貌落后，住房环境很差，被戏称"离城三十里，落后三十年"。2015 年，花园村通过种植向日葵花引爆市场，已与企业达成合作意向，企业与村集体和农户合作经营"游花果山风景、观花园村花海"节庆活动，实行"我出地、你拿钱、我种植、你管理、我搭台、你营销"的优势互补、互惠互利、收入分成的合作模式。通过企业的进入和农户的广泛参与，初步实现了农村经济转型升级和可持续发展，做到景区与群众共建，利益与群众共享，为发展乡村旅游注入了生机活力，为推进精准扶贫提供了强大动力。

(2) 运用"茶产业 + 旅游"模式。张湾区柏林镇白马山村位于平均海拔 400 米的山沟中，十年前，全村人均纯收入不足 2000 元，村民温饱不能解决，面对这种情况，白马山村引导村民发展茶叶产业，在政府的扶持下，通过实施发放种茶补贴，免费提供茶种茶苗等措施，激发村民种茶积极性。目前，该村已发展茶叶面积达 1250 亩，全村 210 户村民有 190 户种植茶叶，年产茶叶达 8000 多斤，人均收入达 8000 多元。为让村民的茶叶不愁销路，村里成立茶叶专业合作社，合作社实行保护价收购，实行统一包装、加工和销售。在产业发展上，该村始终坚持茶叶产业和旅游产业发展两大主线相结合。为更好地服务白马山旅游开发，2016 年，政府投资 90 万元硬化 5 米宽旅游环形公路 3.5 公里，投资 4 万元铺垫张家院 3700 平方米停车场，指导规范农家乐 8 家，科学发展取得显著成效。通过发展茶产业带动乡村旅游，实现以农促旅，以旅强农，走出了一条产业带动、创新驱动、共同推动的扶贫开发之路，通过延伸农业和旅游产业链带动贫困人口脱贫增收。

(3) 运用"电商 + 农业 + 旅游"模式。西沟乡位于鄂西北腹地的张湾区西南部，山多地少，山高地狭，方圆几十里无任何污染，是十堰的天然氧吧，是种植猕猴桃的理想环境。西沟乡早在 20 世纪 90 年代就开始尝试发展猕猴桃产业，但是由于种植方式不正确、品种不良、地理位置偏僻等原因经常导致滞销，而猕猴桃保存时间短，村民的种植积极性并不高，这些困难都严重制约着贫困户脱贫致富。近年来，西沟乡党委、政府转变发展模式，大力发展乡村生态旅游业、生态农业，结合西沟的实际情况，在沙洲、长坪塘、白石等村大规模推广猕猴桃，建立猕猴桃生产示范基地。同时为了解决销售难题，西沟乡在猕猴桃的推广过程中不断探索，先后与多个电商平台合作，采用"线上宣传销售＋线下采摘"一体化营销方式，走出了一条"电商＋农业＋旅游"模式的旅游扶贫新路子。目前西沟乡全乡猕猴桃面积已达 1000 亩，其中种植猕猴桃的建档立卡贫困户就有近 100 户，面积达 200 亩，按照亩产 2 万元计算，每年能够为贫困户创收 400 多万元。

（4）**运用"节庆活动＋旅游"模式**。2016 年，张湾区旅游局设立旅游专项资金，启动"幸福十堰·从张湾出发"乡村旅游年系列旅游节庆活动，达到全年"季季有主题，月月有重点，周周有活动"。目前已成功举办黄龙郁金香旅游文化节、汉江樱桃地标产品推介会、方滩环堵河自行车赛、百龙潭纳凉节等一系列品牌节庆活动。累计发展采摘园、农家乐、休闲农庄 300 多家，开发"观光游""采摘游""美食游""购物游"等各类乡村旅游项目 445 个，转移就业 1500 多人。同时为乡村旅游集聚人气、扩大影响，依托活动推出文创及农产品类的旅游商品，将旅游产业发展要素融入活动，以活动带动旅游产业链条运转，从而实现农民增收和旅游扶贫的目标。

第6章 湖北省乡村旅游扶贫效率

6.1 乡村旅游扶贫效率研究背景

近年来，乡村旅游不断受到国家的关注和支持。2014年国家出台了《关于促进旅游业改革发展的若干意见》，意见中指出，乡村要大力发展地区旅游，积极发展休闲度假游，从不同方面入手，大力拓展当地旅游发展空间。"十二五"期间国家提出要采取推进开发式扶贫，加大扶贫投入；2015年提出扶贫开发要与乡村建设相结合；2016年文化和旅游部下发了"关于重大旅游休闲项目的通知"，把乡村旅游和旅游扶贫作为主要旅游休闲项目的"六项任务之一"。2017年，习近平总书记在党的十九大报告中明确提出要实施乡村振兴战略，坚持农业农村优先发展，着力促进乡村旅游发展，通过旅游产业的带动力，为更多的农民提供稳定的就业岗位和增收渠道。国家文旅部在制定的《乡村旅游扶贫工程行动方案》中提出，"十三五"期间，力争通过发展乡村旅游带动全国25个省（区、市）2.26万个建档立卡贫困村、230万贫困户、747万贫困人口实现脱贫致富。当前，脱贫攻坚已到了决战决胜、全面收官的关键阶段。2019年，文化和旅游部制定了《文化和旅游部2019年行业扶贫和对口支援工作计划表》《文化和旅游部2019年定点扶贫工作计划表》，在旅游资金拨付、项目安排、人员培训、活动开展等方面进一步加大了支持力度。由此可见，乡村旅游与乡村扶贫有着非常密切的关系，两者不可分割，因此，以湖北省的乡村旅游发展为载体，以其旅游扶贫效率为切入点，找出乡村旅游发展中存在的问题，提出具有针对性的建议提高乡村旅游的扶贫效率是此研究的目的，也是湖北省政府和社会共同关注的问题。

"旅游扶贫"是一种新型的生态扶贫方式，不仅能够保持原有的乡村文化环境面貌，还能够改善乡村地区农民生活，增加农民收入，是一种可持续的扶贫模式。经过三十多年的扶贫开发进程，我国的减贫工作取得了显著成就，截至2019年年末，全国农村贫困人口从2012年年末的9899万人减少至551万人，累计减少9348万人；贫困发生率从2012年的10.2%下降至0.6%，累计下降9.6个百分点。近年来，湖北省乡村旅游发展迅猛，成为推动全省旅游发展的新动能，通过"旅翼旅游扶贫"工程，实施百村旅游规划公益扶贫、百企结对帮扶、旅游创建和品牌培育、四季乡村旅游营销、金融支持旅游扶贫项目、千人教育培训、乡村旅游后备箱工程、万名旅游创客等举措，形成了旅游开发引爆贫困区产业发展的乘数效应，发展旅游业已逐渐成为各县域走出贫困陷阱，走向富足平衡的重要路径。但是，湖北省的旅游扶贫举措在扶贫实践中也引发了诸多问题。如旅游扶贫中的精准度被忽视、资源利用效率不高以及生态环境遭受破坏等都严重制约了湖北省旅游扶贫的可持续发展。因此，结合湖北省旅游扶贫的实践经验，通过分析湖北省乡村旅游扶贫的效率水平、对比区域旅游扶贫效率的差异特征，进而揭示出区域旅游发展对湖北省旅游扶贫效率的影响，对于实施旅游精准扶贫、推进旅游扶贫模式发展转型具有重要的实践意义。

6.2 乡村旅游扶贫效率研究进展

国外专家学者关于旅游扶贫的研究，主要包括三方面：旅游扶贫的概念、旅游扶贫的方式以及旅游扶贫效应的研究。2001年Ashley提出：旅游扶贫其实是一种特殊的发展方式，与其他的扶贫方式虽然有许多相似之处，但是在目标导向、适用地区、实施途径等方面却产生着一定的差别。2003年，Samuel Kareithi认为旅游扶贫是需要借助一定的外力才能够完成的。特别是乡村旅游扶贫，不仅需要农户自身的参与，还需要通过国家、政府、企业等外部力量提供的资金和技术对现有的旅游资源进行进一步挖掘与开发，从而满足旅游业发展的需求。在选择旅游扶贫的方式方面，由于各个地区的文化水平和旅游资源均不相同，旅游扶贫方式也存在着很大的差别。例如：2008年Simpson M.C.的研究成果表明社区旅游能够为社区的发展提供动力，从而带动整个地区相关产业的发展；2012年Rogerson C.M.认为通过农业旅游可以大幅提高当地的经济水平。近年来，国外旅游扶贫研究的重点已逐渐延伸至对旅游扶贫效应的探析。旅游扶贫效应的评价可分为积极效应与消极效应，如部分学者认为旅游能降低贫困人口失业率、增加贫困家庭收入、完善贫困地区社会基础设施；但也有一部分学者从ST-EP（Sustainable Tourism and Eliminating Poverty）的理念与实践出发，探析旅游扶贫的消极影响，指出旅游扶贫会导致收入分配不公、精英俘获与权力寻租、主客矛盾激化等问题。

国内学者关于乡村旅游扶贫方面的文献比较多，但是与国外相比较而言，国内学者的研究大都是基于我国的实际国情进行的实践案例研究。郭清霞（2003）对湖北省旅游扶贫的成功案例进行了深入研究，并结合国际上通用的PPT战略，对旅游扶贫的特征进行了归纳与总结；凌丽君（2018）从乡村旅游和精准扶贫关联着手，提出乡村旅游扶贫模式和具体措施。近年来国内学者多从农户感知的角度评价旅游扶贫效应，例如张伟等（2005）从旅游发展态度、生活变化感知、参与旅游意愿等角度，分析旅游扶贫对贫困人口生计的影响；汪侠等（2017）进一步完善旅游扶贫满意度评价指标体系，以贵州朗德镇为例，系统评价贫困居民旅游扶贫满意度；冯伟林等（2017）基于贫困居民抽样调查数据，综合测度西南民族地区旅游扶贫的经济、社会、生态绩效。

2013年，习近平主席提出"精准扶贫"的思想以后，旅游扶贫效率的研究逐渐得到国内学者的关注。根据效率的相关含义，旅游扶贫效率是指在特定的时间内，各种旅游扶贫投入与旅游扶贫产出之间的比率关系，旅游扶贫效率与投入呈反比，与产出呈正比。而关于乡村旅游扶贫效率的含义，曾文蛟（2007）认为包含了两个方面：一是乡村扶贫政策实施后所达到的效果，二是其本身的运作效率。尚清芳（2019）认为乡村旅游扶贫效率是指在特定时间内，通过旅游扶贫既有的技术、资金、人力、资源等投入所能实现的最大旅游产出，即乡村旅游扶贫的配置效率。国内学者们对乡村旅游扶贫效率的研究主要集中在2015年以后。在研究内容上，大多是基于样本区域的年度数据，通过分析地方旅游扶贫效率均值和变化趋势对某一区域旅游扶贫效率进行评价，如高雪莲、丁文广（2017）根据2010—2014年陇东南地区旅游扶贫投入产出指标原始数据，计算出该区域5年的旅游扶贫总效率；李亚楠（2016）通过对2008—2015年的数据调查得出，广西旅游扶贫综合效率均值为0.866，其综合效率呈现一个先下降然后在上升的变化过程。黎巧荣，杨效忠（2017）通过分析安徽大别山片区12个县市2011—2015年旅游扶贫数据，得出该地区旅游扶贫效率总体上仍处于中等水平，且各个县市的扶贫效率分布不均匀。在研究方法上，数据包络分析方法（DEA）已经成为主流。如龙祖坤、杜倩文（2015）

等运用数据包络分析（DEA）方法，测算了武陵山区 2009—2013 年的旅游扶贫效率，并根据效率值的时序变化特征将其分为往复式、渐进式和复杂式演进；李烨（2017）利用数据包络分析法的 CCR 模型和 BCC 模型，对我国乡村旅游扶贫效率进行了评估分析。曹妍雪、马蓝（2017）首次运用三阶段数据包络分析方法对民族地区旅游扶贫效率进行评价。同时，学者们也积极探索将 DEA 与其他方法相结合，以完善旅游扶贫效率研究结果的准确性和直观性。如黎巧荣等和龙祖坤等在测算研究区域旅游扶贫效率的基础上，借助 GIS 分析方法进一步从空间维度上分析旅游扶贫效率格局；李光明等和丁煜等学者在 DEA 方法的基础上加入了 Malmquist 指数方法来考察对比样本区纵向动态旅游扶贫效率。综合来看，目前旅游扶贫效率研究仍是旅游扶贫研究中较新的一个领域，主要以综合效率、技术效率和规模效率为研究内容，方法上以数据包络法为主导，并从时间和空间上展现效率水平的演变和分异特征。

通过对现有文献的分析发现，在实施了乡村旅游扶贫政策的区域，其扶贫效率基本保持在中等水平，还具有很大的发展空间。因此，对于湖北省的扶贫效率的研究十分必要。本研究在前期研究的基础上，运用数据包络分析方法，构建乡村旅游扶贫效率评价指标体系，根据湖北省 2017 年乡村旅游扶贫资料和数据，进行计算和分析，评价 2017 年湖北省乡村旅游的整体扶贫效率。并从时间维度，对 1990—2018 年湖北省旅游扶贫效率进行测度，研究其效率整体变化情况，进而对乡村旅游扶贫效率做出静态分析和动态综合评价。试图为湖北省旅游扶贫政策优化与制度完善提供理论依据。

6.3 湖北省乡村旅游扶贫效率

6.3.1 DEA 模型简介

数据包络分析法（DEA）是以运筹学、数学、数理经济学和管理科学为基础，研究若干同类多投入、多产出的决策单元（Decision Making Unit，DMU）之间相对有效性和绩效的有效方法。DEA 模型以相对效率为基础，通过数学规划模型将 DMU 投影到 DEA 的生产前沿面上，比较 DMU 偏离 DEA 前沿面的程度来测算各 DMU 之间的相对效率。DEA 的评价原则是当 DMU 落在效率前沿面上时，DEA 认为此时的投入产出组合是最有效率的，且其效率值定为 1；其他的决策单元则以有效单元为基准，赋予介于0和1之间的相对效率值。DEA模型无须进行权重假设，一定程度上排除了主观因素的影响，具有较强的客观性。同时在 DEA 模型中 DMU 的最优效率指标与投入、产出指标值的量纲无关，无须进行无量纲化处理。因此在处理多投入、多产出有效性综合评价方面的问题时，DEA 模型具有绝对优势。

DEA 中规模报酬不变的 CCR 模型因未考虑投入产出规模报酬变化，该模型仅能计算决策单元的综合效率。BCC 模型则基于规模报酬可变从投入导向，即在产出水平一定的情况下，使投入最小化。由于投入数量是决策的基本变量，且相比于产出量而言，投入量更容易控制。因此，本研究采用投入导向的 BCC 模型。BCC 模型将综合效率（Overall Efficiency，OE）分解为纯技术效率（Technical Efficiency，TE）和规模效率（Scale Efficiency，SE）。根据 DEA 模型方法，综合效率反映的是旅游对农户带动以及农户投入的规模集聚等效率，技术效率代表农户技术投入、管理水平对农户旅游产出的促进作用，而规模效率则代表农户投入规模对旅游产出的效率水平。三者的关系是：综合效率（OE）=纯技术效率（TE）×规模效率（SE）。

如图 6-1 所示，BCC 模型的生产前沿面为 VQV'。综合效率是评价当前生产点与规模不变生产前沿面 OC 之间的距离。纯技术效率是评价当前生产点与规模收益变化的生产前沿面 VQV' 之间技术水平的差距，规模效率是指综合效率与纯技术效率之间的比值，AT 虚线表示产出不变的投入成本线。

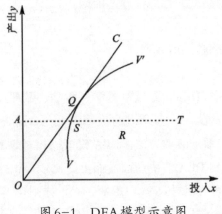

图 6-1　DEA 模型示意图

6.3.2 评价指标与数据获取

DEA模型最终测算出来的结果是否具有现实意义，是否有效都取决于选择的测量指标是否科学合理，是否具有代表性。一般情况下，选取DEA指标有三个方面的要求。一是科学性：投入要素与产出要素之间必须有因果联系，且评价指标体系与各县区的旅游扶贫效率之间必须有内在的逻辑关系。二是可靠性：指标本身的来源必须是第一手调查资料、可靠的期刊或者官方统计资料，而且必须使用专业术语。三是数据量化：指标可以追溯源头，有实际的档案数据可以查验，并且数据可以量化。

根据旅游扶贫效率的内涵和计算模型，依据数据的可得性及旅游效率的前期研究成果，构建旅游扶贫效率评价指标。城镇居民人均可支配收入、农民人均纯收入能较好地体现居民生活状态，旅游业从业人数反映了该地区旅游业发展的潜力，因此选取城镇居民人均可支配收入、农民人均纯收入、旅游业从业人数作为产出指标。由于旅游业从业人数难以直接获取，所以选取第三产业从业人数作为替代指标。投入指标用于衡量旅游业自身发展状况，旅游综合收入可以反映湖北省旅游业发展成效及潜力，而接待游客数量可以说明对周边产业的带动效应。因此本研究选取旅游综合收入和接待人数作为投入指标。全部数据均来自《湖北省旅游统计年鉴》及各市统计年鉴。

6.3.3 实证分析

6.3.3.1 湖北省乡村旅游扶贫效率静态分析

根据湖北省17个地级市2017年乡村旅游扶贫投入产出数据，应用数据包络分析软件Deap2.1进行数据处理，得到分析结果（见表6-1、图6-2）。

表6-1　2017年湖北省旅游扶贫效率

DMU	CRS	VRS	S	规模收益	DMU	CRS	VRS	S	规模收益
武汉市	1	1	1	drs	黄冈市	0.66	0.7	0.955	irs
黄石市	0.78	0.685	0.954	irs	咸宁市	1	1	1	irs
十堰市	0.36	0.376	0.456	drs	随州市	0.4	0.6	0.95	irs
荆州市	0.4	0.542	0.956	irs	恩施州	0.7	0.45	0.719	drs

续表

DMU	CRS	VRS	S	规模收益	DMU	CRS	VRS	S	规模收益
宜昌市	0.4	1	0.29	drs	仙桃市	0.224	0.24	0.934	irs
襄阳市	0.7	0.565	0.516	drs	潜江市	1	1	1	—
鄂州市	0.473	1	0.473	drs	天门市	0.388	0.54	0.72	irs
荆门市	0.58	0.4	0.923	irs	神农架	1	1	1	—
孝感市	0.78	0.534	0.924	irs	平均值	0.638	0.684	0.81	

"DMU"代表决策单元;"CRS"代表综合效率;"VRS"代表纯技术效率;"S"代表规模效率;"drs"代表规模效益递减;"irs"代表规模效益递增;"—"代表规模效益不变。

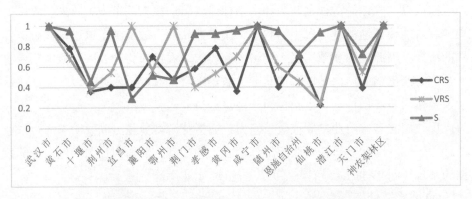

图6-2 2017年湖北省旅游扶贫效率图

（1）旅游综合效率、纯技术效率和规模效率。

从结果来看，旅游综合效率有效的仅有4个地区（武汉、咸宁、潜江、神农架），无效的有13个地区，平均值为0.638，说明旅游扶贫效率总体分布不均。综合效率有效的城市中，武汉、咸宁、潜江属于武汉城市圈，武汉城市圈集中了全省一半以上的人口、六成以上的GDP总量，是中国中部最大的城市组团之一，在交通、资金、产业集群等方面具有巨大的优势，也为发展旅游提供了良好的基础条件。神农架属于鄂西生态文化旅游圈，鄂西圈旅游资源占湖北省的比例均值近70%，占据绝对优势。生态文化资源富集，旅游发展前景可观，并随着湖北省鄂西生态文化旅游圈战略的实施，具有依托富集生态文化资源实现经济社会可持续发展的后发优势，鄂西旅游圈开发战略为全省旅游效率的综合提升发挥了积极作用,湖北省17个地级市中综合效率在平均值以上的有9个,占总数的52.9%,低于平均值的有8个,占总数的47.1%,说明湖北省旅游扶贫效率总体水平有待提升。其中荆州、黄冈和随州市的低效率是由于其投入过多,技术效率低下导致的;宜昌和襄阳是规模效率低下导致的综合效率过低;黄石、荆门、孝感及恩施的低效率是由其纯技术效率低下引起的;而十堰、鄂州、天门、仙桃综合效率处于较低水平。

17个地级市中,纯技术效率有效的有6个,约占35.3%,其中鄂西旅游圈占2个,武汉城市圈有4个。规模效率有效的有4个,占23.5%,与湖北省旅游扶贫综合效率分布相同;无效的有13个,占76.5%;平均值为0.81。十堰、鄂州、宜昌、襄阳规模效率最低,这四个地区在资源投入、旅游服务设施等规模上不能满足其旅游需求。全省规模效率无效的地市比例较高,说明下一步湖北旅游开发决策中要积极调整各个地市旅游要素的投入规模。

(2)规模效益。

根据 DEA 模型原理,当规模收益非增条件下效率大于规模收益不变条件下效率时,旅游生产处于规模收益递增阶段,说明要素投入尚没有达到最优规模,通过进一步增加投入要素,仍可以得到更高的产出,从而实现效率的进一步增长;如果规模效率非增条件下效率大于规模受益不变条件下效率,则旅游生产处于规模递减阶段,旅游要素投入规模已经超出了旅游发展对资源的消化能力,在这种情况下,需要减少旅游要素投入规模,从而提高效率。从表6-1结果看,湖北省规模收益不变的仅有2个:神农架和潜江,说明这两个地区的旅游要素投入刚好能实现区域旅游效率的最大化;规模效益处于递增阶段的有9个:荆州、荆门、咸宁、孝感、随州、黄冈、天门、黄石和仙桃,表明这些地区的旅游要素投入不足以实现其利益最大化,可以加大旅游投入要素,从而提高效率;处于规模收益递减阶段的是武汉、宜昌、襄阳、十堰、恩施和鄂州6个地区,应通过控制固定资产投资等要素来提高旅游效率,适当减少旅游要素的投入。

6.3.3.2 湖北省乡村旅游扶贫动态效率分析

根据湖北省1990—2018年乡村旅游扶贫投入产出数据,通过DEAP2.1软件,测算出1990—2018年湖北省旅游扶贫综合技术效率、纯技术效率以及规模效率的变化情况（见表6-2），同时就综合技术效率、纯技术效率以及规模效率的评价结果分别展开深入探讨。

表6-2　1990—2018年湖北省旅游扶贫效率

DMU	CRS	VRS	S	规模收益	DMU	CRS	VRS	S	规模收益
1	1	1	1	—	16	0.487	0.996	0.489	drs
2	0.995	1	0.995	drs	17	0.49	1	0.49	drs
3	1	1	1	—	18	0.48	0.982	0.488	drs
4	0.938	1	0.938	drs	19	0.477	1	0.477	drs
5	1	1	1	—	20	0.404	1	0.404	drs
6	1	1	1	—	21	0.324	0.975	0.333	drs
7	0.719	1	0.719	drs	22	0.286	1	0.286	drs
8	0.657	1	0.657	drs	23	0.258	1	0.258	drs
9	0.604	1	0.604	drs	24	0.246	0.991	0.248	drs
10	0.535	1	0.535	drs	25	0.26	1	0.26	drs
11	0.466	0.936	0.498	drs	26	0.263	1	0.263	drs
12	0.436	0.834	0.523	drs	27	0.251	1	0.251	drs
13	0.431	0.809	0.533	drs	28	0.245	1	0.245	drs
14	0.545	1	0.545	drs	29	0.232	1	0.232	drs
15	0.496	1	0.496	drs					

"DMU"代表决策单元；"CRS"代表综合效率；"VRS"代表纯技术效率；"S"代表规模效率；"drs"代表规模效益递减；"irs"代表规模效益递增；"—"代表规模效益不变。

实证结果显示，湖北省旅游扶贫效率主要具有以下三方面的特点：

第一，湖北省旅游扶贫效率总体较低。1990—2018年中综合效率最小值为0.232，平均值为0.535，超过平均值的仅有11年，这说明湖北省旅游扶贫效率仍处于较低水平，旅游经济发展的减贫效应有待进一步发挥。其原因主要是湖北省旅游发展整体水平较低，旅游收益不高。因此造成旅游扶贫效率投入相对过剩，而产出不足。

第二，大部分年份存在DEA无效状态。29年中湖北省综合效率有效的仅有4年（1987年、1989年、1991年、1992年），说明仅有极少数年份在给定的旅游扶贫投入要素条件下获得的实际产出位于最佳前沿面上，即达到了产出最大化，大部分年份没有实现产出最优化。一方面，可能是湖北省乡村旅游投入和产出效果不相匹配，需要增加或减少投入规模，也就是说乡村旅游扶贫的精准度不够，尚未根据扶贫对象的特征和需求采取集中性和有针对性的帮扶措施；另一方面，可能是乡村旅游发展政策的调控力度不够，缺乏整体的规划和设计，经营模式和管理方式缺乏创新性，需要进一步调整。

第三，从规模收益来看，除1990年、1992年、1994年及1995年处于规模效益不变阶段，其余年份均呈规模收益递减趋势。这说明扶贫效果增加的比例小于各种扶贫投入增加的比例，投入结构不合理，旅游产业自身的发展及其对周边产业的推动仍然存在一定不足，投入冗余问题较为突出。一方面，由于乡村旅游项目开发建设中存在重复投资现象，导致旅游产品的趋同化和单一化，造成资源浪费。另一方面，旅游投资一哄而上，缺乏科学的、系统的调研和论证，使得旅游资源过度开发，超出乡村地区的环境承载力，导致农村的经济水平、社会进步和环境保护未能均衡发展。

6.3.4 结论建议

乡村旅游扶贫的目的在于通过在贫困地区发展旅游业带动当地其他产业的发展，进而实现贫困地区脱贫致富。因此，通过所得的数据分析乡村旅游扶贫目前存在的问题，从而提出对策研究，能够更好地提高乡村旅游扶贫的效率。根据上述分析可知，目前湖北省乡村旅游扶贫效率总体不高，各市（州）存在较大差异，其主要原因在于乡村旅游扶贫的管理和技术水平不高，乡村旅游本地化不足，区域间带动效益不显著等。针对这些问题，提出以下几点对策：

（1）全力推进湖北省乡村旅游产业发展，坚持旅游扶贫全覆盖。乡村旅游具有带动贫困人口数量多、生产经营成本较低、返贫率较低等特点，是促进农村经济增长和农业结构调整的重要渠道，因此要积极探索、试点推进乡村旅游扶贫新模式。而相较于一般的旅游产业，乡村旅游扶贫的根本目的在于帮助贫困农户实现脱贫，因此，在制定相关的旅游发展计划和下达相关决策时，都必须时刻牢记乡村旅游扶贫的重要使命，通过旅游产业，打开当地的市场渠道，带动行业间的发展和整合，充分发挥旅游产业的经济带动功能。

（2）大力实施农村精准扶贫工作，调整旅游扶贫产业格局。上述实证研究的结果表明，湖北省大部分年份乡村旅游扶贫效率处于规模效益递减状态，资源投入存在浪费现象。乡村旅游精准扶贫旨在根据不同贫困地区特点、不同贫困人口状况，从扶贫对象、旅游项目、资金投入精准化等方面开展工作，提高乡村旅游扶贫的精准化程度，实现规模经济。打造旅游扶贫产业链，大胆创新，勇敢突破，根据地方特色打造不同产业链，形成有地方特色的品牌效应。既要考虑不同产业间的合作与互动，也要考虑不同乡村、景点和周边环境之间的合作与互动，最大限度地发挥旅游在经济中的联动作用，从而使旅游产业发挥真正的扶贫作用。

（3）寻找旅游扶贫最优规模，提高旅游扶贫效率。上述结果可以看出，湖北省17个地级市中规模效率有效的仅有4个，大部分都处于规模效率无效的状态，湖北省在发展乡村旅游方面具有良好的环境、丰富的旅游资源等优势，但是在发展规模方面也应当统筹兼顾，不能够仅关注某一个具有发展潜力的乡村，而忽视其他地级市贫困村的建设，从而导致整体扶贫效率的低下。因此，寻找最优规模对于湖北省整体的乡村旅游吸引力、优化乡村经济社会结构、统筹城乡发展、提升文化传承与文明程度、保护乡村生态环境等方面而言具有十分重要的意义。坚持以市场为导向，合理规划现有的配置与旅游资源，加强与周边区域的城乡互动，引导乡村旅游向优势地区集中，能够让湖北省距离实现旅游脱贫的目标更近一步。

第7章 乡村振兴背景下旅游地居民生计转型

7.1 乡村振兴战略要求关注可持续生计

乡村振兴战略，在我国乡村发展进程中具有划时代的意义。作为"三农"工作的总抓手，乡村振兴战略主要从当前影响到乡村发展的体制、机制、政策入手，确立目标、提出要求、设定步骤，不断进行改革和完善。党的十九大报告中强调，中国特色社会主义进入新时代，我国社会主要矛盾已经转化为人民日益增长的美好生活需要和不平衡不充分的发展之间的矛盾，这种矛盾在乡村更为突出。乡村兼具生产、生活、生态、文化等多重功能，作为一个地域综合体与城镇共同构成是人类活动的主要空间。实施乡村振兴战略对于我们现代化经济体系的建设、美丽中国建设、中华优秀传统文化的传承、健全现代社会治理格局以及实现全体人民共同富裕具有重大意义。同时，乡村振兴战略强调要尊重广大农户意愿，激发农户积极性、主动性、创造性，激活乡村振兴内生动力，让广大农户在乡村振兴中有更多的获得感、幸福感和安全感。

实现农户生计可持续是乡村振兴战略需要着重关注的问题。乡村振兴战略将为农村地区带来资本、技术、智力等各类要素和资源，将从根本上转变农户的原生生计方式。"产业兴旺、生态宜居、乡风文明、治理有效、生活富裕"是乡村振兴战略的总要求，建立健全城乡融合体制机制和政策体系，加快推进农业农村现代化，这为推进我国当前和未来乡村发展提供了方向，也为我国新时期旅游业的发展提供了契机。乡村振兴，生活富裕是其落脚点，农户在乡村旅游发展中处于主体地位，充分保证农户从旅游发展中受益至关重要，实现农户的可持续生计是乡村振兴战略的基本要求。实施乡村振兴战略，需要乡村在生态、生活、生产、文化和治理五个方面进行创新。其实现的主体仍然以农户为主，只有充分发挥农户的主体地位，调动农户的积极主动性，乡村地区在生态保护、文化传承、治理有效方面才能落到实处，而农户首先应解决的问题就是生计的可持续性问题。只有当农户能够应对脆弱环境的变化并从外部冲击中恢复，能够保持或加强造福于子孙后代的能力和资产，而又不对自然环境造成损害时，农户的生计才具有可持续性。当农户生计实现可持续后，其自身抵御外部风险的能力不断增强，从而农户才能逐渐实现生活富裕。因此，运用生计概念和可持续生计理论深化乡村旅游地农户生计研究，实现农户可持续生计是乡村振兴战略的基本要求。

7.2 可持续生计分析框架
7.2.1 可持续生计起源与概念

生计（Livelihoods）是人们维持生活的方式或手段，包含了收入、工作、职业所有内涵和外延，其最早的研究见于 Robert Chambers 的著作中。1987年世界环境发展委员会报告中最早提出"可持续生计（Sustainable Livelihoods）"的概念，指出可持续生计是指在面临风险和对抗时，能够应付、并且在压力和冲击下能够快速得到恢复，维持乃至提高目前或者未来的资本及能力，同时能够不破坏自然资源。1992年，联合国环境和发展大会采用可持续生计概念，主要目的是解决人们的贫困问题。1995 年，哥本哈根社会发展世界峰会（WSSD）进一步强调了可持续生计对缓解或消除贫困的重要性。随后，可持续生计被越来越多的学者用于贫困治理和乡村发展等领域的研究。

Chambers 和 Conway（1991）认为生计包含人们谋生所需的能力、资产和活动，当人们能够应付脆弱环境的变化并能从外部冲击中恢复，能够保持或加强造福于子孙后代的能力和资产，不对自然资源造成损害，生计就具有可持续性。进入21世纪以来，对可持续生计的认识有了新的进展。Phansalkar 和 Verma（2000）研究印度的农民生计后，提出资源利用、非农就业、工资收入和自我创业对农民生计的影响，对可持续生计进行了更加细致的论述。Srijuntrapun（2012）指出可持续生计还包含不依赖外部支持且不会破坏他人的生计。杨燕霞（2008）引入了文化内涵，指出社会文化与生计紧密相关。文化是生计的重要组成部分，也是一种谋生资源，利于实现可持续生计。可见，可持续生计的内涵十分丰富，包含很强的抗冲击力、明显的经济特征及典型的文化特征。

7.2.2 可持续生计分析框架

可持续生计是含义较广的复杂概念，在其实际应用研究中，多数学者通过建立可持续生计分析框架来达到可持续生计在实践中的可操作化。可持续生计框架（Sustainable Livelihoods Approach，SLA）的提出为整体研究可持续生计的影响要素提供了一种系统方法。当前应用最广泛的是英国国际发展机构 DFID（1999）提出的可持续生计框架，强调以人为本，注重整体效果，分析影响人们生计的众多因素及因素之间的关系，SLA 主要由脆弱性背景、生计资本、组织和制度的转变、生计策略以及生计结果组成，是一个螺旋动态的变化过程。人们在脆弱性背景下谋生，其对生计资本产生积极和消极影响；生计资本的储量、质量以及组合配置状况、政策制度等直接影响着人们生计策略的选择；不同的生计策略产生不同的生计结果，生计结果又会影响生计资本；组织和制度的转变过程对于资本的创造积累以及生计策略的选择产生影响。SLA 揭示了生计的本质，展现了发展和贫困之间的关系，帮助人们识别自身的生计资本以及外部环境的变化，利用自身优势以及外部环境扶持，达到期望的生计结果，从而实现生计的可持续性。如图 7-1 所示。

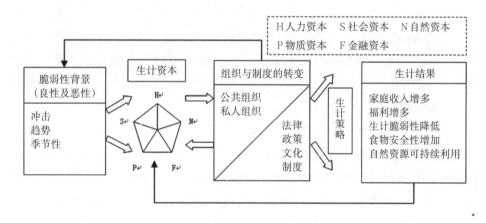

图 7-1　可持续生计框架

一是生计资本（Livelihoods Assets），生计资本主要由自然资本（Natural Assets）、物质资本（Physical Assets）、社会资本（Social Assets）、人力资本（Human Assets）和金融资本（Financial Assets）五大资本组成。生计资本在可持续生计分析框架中处于核心地位，直接影响和决定着整个生计活动的开展。

二是脆弱性背景（Vulnerability Context），脆弱性是与生计可持续性相关联的一个概念，通常包括冲击（Shocks）、趋势（Trends）和季节性（Seasonality）内容。

三是组织与制度的转变（Transforming Structures and Processes），组织与制度的转变是指影响人们生计的制度、组织、政策和立法。其中，组织与制度的转变作用于生计的各个方面，在一个生计系统中，组织与制度的转变在控制生计资产和取得生计结果中扮演着重要角色。

四是生计策略（Livelihoods Strategies），生计策略是人们面对外部环境变化和自身生计资本，为了实现生计目标而做出的理性行动和选择。

五是生计结果（Livelihoods Outcomes），生计结果是通过生计策略所取得的成就和达到的目标。

7.3 乡村旅游对农户生计的影响

乡村旅游作为乡村经济可持续发展的替代发展手段之一，其发展在打破了农户原有的生计模式，改变了农户的生计环境；同时，进一步影响着农户对发展乡村旅游的感知及其自身的主观幸福感。目前，国内外学者多从可持续生计框架视角评价旅游发展对农户可持续生计的影响，主要包括脆弱性背景、生计资本、生计策略、组织与制度的转变和生计结果五个方面。本研究主要对乡村旅游发展背景下的生计脆弱性、生计方式和生计结果三个方面进行阐述。

7.3.1 乡村旅游与生计脆弱性

生计脆弱性是指家庭或者个体在其生计活动中，处于一种因生计资源变化或者面临外力冲击时所具有的不稳定且容易遭受到损失的状态。乡村旅游的开发与发展作为一种典型的外力冲击，对乡村地区农户的生计方式变化与生计策略的选择有着重要影响。可持续旅游生计框架下脆弱性背景复杂多样，主要包括自然灾害、气候变化及政策变化等。

自然冲击如地震、洪灾等不可抗力因素，虽然罕见但其破坏性极大，对旅游地农户生计的影响显著。韩自强等（2016）发现灾后重建使得汶川县五种生计资本有较大提升，灾后重建物质资本提升效果显著。气候变化带来的更多灾害风险，对旅游业和可持续生计均会造成严重影响。吴孔森等（2016）认为环境变化导致农户赖以生存的自然资本受到削减，农户生计资本指数整体偏低，生计可持续性整体较差。政府政策措施的落实也会对农户生计造成一定程度的影响。史俊宏等（2012）对实施生态移民政策的地区进行研究，发现生态移民家庭的生计资本薄弱并在其生计转型过程中存在诸多风险，生态移民的生计结果较差，并尝试性用可持续生计分析方法提出了相应的有利于提升生态移民生计结果的措施。

近年来，国内外相关学者多从社会—生态系统视角，将农户适应性与脆弱性背景相结合来分析旅游目的地农户的生计情况。Farrel B.等率先提出应借鉴生态经济、全球变化等领域的相关理论推进旅游可持续发展研究，认为旅游地是具有复杂性、动态性的社会—生态系统，并指出农户适应和抵御风险的能力越强，生计脆弱性越低。陈佳等（2015）对秦岭景区农户的调研发现，旅游生计和综合型生计为主的农户较传统生计型（务工/农）农户脆弱性降低，人均拥有耕地面积、家庭物质资产种类、旅游收入、贷款资助机会、区位优势度、技能培训等成为影响农户脆弱性的关键因素。而蔡晶晶等（2018）将乡村旅游地视为局域性的社会—生态系统，在梳理北溪村乡村旅游发展阶段的基础上，结果表明旅游的发展对农户生计的威胁大于机遇，其适应能力的差异去驱动着农户生计结构的转变。吴吉林等（2017）在社会—生态系统相关理论的指导下，结合张家界4个传统村落的乡村旅游发展实际情况，构建出了农户适应力模型与18个适应性驱动因子指标体系，并进一步运用适应性循环理论与理性选择理论对农户适应行为机制进行了探讨，总结出当前乡村旅游发展已经打破了传统村落社会—生态系统的稳定性，而生计策略和传统理念是传统村落农户旅游适应结果的关键因素。

7.3.2 乡村旅游与生计方式

生计方式也指生计策略，即指旅游目的地居民对自身所拥有的生计资产进行组合和使用的方式，以追求积极的生计产出或实现其生计目标，包括生产活动、投资策略、生育安排等。Scoones（1998）将生计策略分成扩张型生计、集约化生计、多样化生计和迁移型生计。Srijuntrapun（2012）将生计分为收入增加战略、支出减少战略、依靠社会资本的战略、长期战略、减少脆弱性策略。依据参与旅游活动的程度，生计策略包含旅游生计策略和非旅游生计策略。旅游生计策略以参与旅游为主，占主导地位，但非旅游相关生计依然存在。随着旅游业的发展，非旅游生计会转换为旅游生计。乡村旅游作为发展农村经济的重要手段，在我国旅游扶贫政策的引导和支持下，影响到农户对生计方式的选择。

乡村地区所处的旅游发展阶段、旅游发展主体类型和旅游发展模式等因素都影响着农户生计方式的选择。王新歌等（2015）以大连金石滩旅游度假区为例，通过实际调研发现当地居民实现了由传统农民到现代市民的生计转变，生计资本结构从自然资本依赖型转变为现如今的物质资本依赖型，生计方式也由纯农业型转变为其他非农型。贺爱琳等（2015）基于秦岭北麓农户家庭特征、生计资本等内容，得出在乡村旅游开发的影响下，当地农户出现了以务工主导型、半工半农型、纯农型、旅游主导型、旅游专营型和均衡兼营型等六种生计方式。尚浪前（2015）从新型城镇化背景出发，以西双版纳傣族园景区为案例地，发现当地村民的生计模式逐渐从依靠单纯的农业生产向传统农业和旅游兼营的模式转变，其社区参与经济利益分配的渠道也发生了改变。席建超等（2016）则指出，旅游业正深刻改变着乡村聚落均值化的农户生计模式，使得农户生计模式发生分层和空间极化，并形成了旅游主导型和兼业型两种生计模式。旅游主导型"专业化"生计模式远远好于非旅游农户兼业化的"多元化"生计模式。

7.3.3 乡村旅游与生计结果

可持续生计框架内，生计结果的评价指标主要包括家庭收入的提高、更多的福利、更低的生计脆弱性、食物安全的提高及可持续地利用自然资源。基于此，贺爱琳等（2014）以秦岭北麓山区居民为例，对乡村旅游地6种不同类型农户在旅游影响下农户生计的现状进行了对比，在分析了乡村旅游对农户生计影响的驱动机制后，指出乡村旅游的发展打破了秦岭北麓地区农户传统的务农和打工型的生计模式，农户的家庭收入得到了极大改善，其应对外部脆弱性环境的能力也有所提高。史玉丁等（2018）在回顾我国西南地区近年来乡村旅游发展态势的基础上，运用定量与定性相结合的方法对秀山县土家族苗族自治县原住居民进行研究，提出可持续生计指导下的乡村旅游多功能发展是促进生计资本提升、保持产业功能之间协同共进的重要路径。刘玲等（2018）选择河南省西河村为案例地，借鉴可持续生计分析框架，将生计策略的影响因素分为农户内部因素和外部因素，农户家庭劳动力数量、受教育程度、能否获得技术支持和资金支持、住房情况等因素正向影响着农户参与旅游生计活动的意愿；农户实际耕种面积作为农户的自然资本负向影响着农户参与旅游生计活动的意愿。

还有学者基于不同视角，利用生计结果状况评估农户生活质量，其中以探讨生计资本与农户生活满意度的研究居多。Soltani等（2012）基于广义的可持续生计框架，实证分析生计资本、生计策略类型对满意度的影响，发现人力资本越高、社区发展越好其满意度越高，采取非农化策略的农户满意度高于采取其他策略的农户。赵雪雁（2011）通过对生计资本进行量化，采用logit回归分析了甘南高原农牧户生计资本对其生活满意度的影响，结果表明对生活满意度影响最大的是物质资本，其次是人力资本和社会资本。此外，蔡银莺等（2015）还从农户生计资产的区域及个体差异出发，探讨其农户生计资本与生活满意度之间的关联存在性和影响度，结果发现生计资本状况对农户生活满意度影响显著且两者之间存在较强的耦合关系。

7.4 案例分析
7.4.1 武汉市黄陂区农户生计变迁与可持续性评价
7.4.1.1 黄陂区乡村旅游发展现状

黄陂区位于武汉市北部，北枕巍巍大别山，南濒浩浩长江水，国土面积2261平方公里，人口113万，是武汉市版图最大、人口最多、生态最好的新城区，自古就有"木兰故里"的美誉。黄陂区坚持农旅融合，贯彻落实"市民下乡、能人回乡、企业兴乡"三乡工程，形成景区带动、农户参与的乡村旅游发展模式。黄陂区充分利用生态资源、文化品牌和区位优势，坚持把旅游业同农业深度融合，走出了一条具有黄陂特色的竞进提质、量质兼取的乡村旅游发展之路，取得明显成效。

黄陂区乡村旅游发展对农户的带动效应明显。2016年黄陂区被列为全国首批全域旅游示范区。黄陂区目前有1家5A景区，木兰文化生态旅游区由木兰山、木兰天池、木兰草原、木兰云雾山四大景区组成；5家4A景区，为黄陂大余湾、农耕年华、木兰清凉寨、锦里沟、木兰胜天；星级农家乐1000余家，其中四星级农家乐11家，五星11家，此外，发展了8家省级休闲农业示范点。

2017 年全区接待游客 2085 万人次，实现旅游收入 104.3 亿元，分别同比增长 15.7% 和 43.9%。2018 年黄陂区全年游客达到 2404.3 万人次，实现旅游综合收入 143.1 亿元，分别同比增长 15.2%、38.6%，其中带动全区 10 万农民从旅游发展中获益。武汉市黄陂区的乡村旅游发展促进了农户的生计转型，充分保障了农户从旅游发展中获益。

黄陂区的乡村旅游发展模式主要为景区带动型，因而本研究选取了处于不同旅游发展阶段，且知名度较高的景区作为案例地，然后根据景区发展对周边村落带动作用的强弱，在当地领导与专家的建议下，选取 8 个乡村（均位于木兰生态文化旅游区）作为调研地点。8 个乡村的位置示意图见图 7-2。农户参与旅游的方式多样，多数农户开展旅游经营活动，包括餐饮、住宿、旅游商店及采摘等，也有部分农户通过土地流转、闲置农房出租、景区或酒店打工及门票分红等方式获得旅游收入。此外，杜堂村农户通过入股分红的方式获益，以闲置农房、宅基地等作价入股，成立旅游专业合作社，村民按合同约定分红。不同乡村的旅游发展基本情况见表 7-1。

图 7-2　调研村落示意图

表7-1 调研村落旅游发展基本情况

调研村落 Villages	基本情况 Situations	主要参与方式 Patternsofpartic-ipatingintourism	调研村落 Villages	基本情况 Situations	主要参与方式 Patternsofpartic-ipatingintourism
官田村	238户,938人木兰天池景区,2002年开业	土地流转、企业职工、农家乐经营、生态农场、旅游商店等	道士冲村	356户,1284人锦里沟,2010年开业	旅游经营、企业职工、门票分成
刘家山村	107户,478人清凉寨,2006年开园	旅游经营、企业职工、门票分红	姚家山村	213户,866人姚家山红色旅游区,2015年开园	旅游经营、企业职工、门票分成
张家榨村	536户1603人木兰草原,2007年开园	旅游经营、企业职工	杜堂村	471户、1748人木兰花乡,2017年开园	土地流转、企业职工、闲置农房出租、入股合作社分红
胜天村	316户,1136人木兰胜天风景区,2007年开园;木兰玫瑰园,2014年开园	土地流转、企业职工、闲置农房出租、旅游经营	群益村	595户,1612人木兰水乡,2018年开园	旅游经营

7.4.1.2 黄陂区农户生计可持续性评价

（1）评价方法。

依据DFID可持续生计框架，构建乡村旅游地农户生计可持续性评价指标，该体系包括生计资本、生计策略以及农户生计与生态的耦合协调度三个方面，指标说明见表7-2。

农户生计转型升级以及生态环境改善是乡村振兴的重要建设内容，也是乡村旅游可持续发展的重要保障。生计与生态之间关系复杂，且相互促进、相互制约。乡村生态环境是维护农户生计的基础，同时生态治理也为改善生计提供了可能性。农户是生态环境的破坏者，也是生态建设的维护者，农户可持续生计能力提升是推动生态保护的重要力量。旅游发展在实现农户生计改善和生态保护共赢中起到了至关重要的作用。生计与生态持续均衡发展是实现农户可持续生计的重要条件,因而将农户生计与乡村生态的耦合协调度作为评价农户生计可持续的重要指标。借鉴耦合协调模型,生计与生态的耦合协调度包括生计与生态两大系统,根据PSR(Pressure-State-Response)模型,构建乡村旅游生态环境指标体系。

表7-2　乡村旅游地居民生计可持续性评价指标体系

一级指标 First indica-tor	二级指标 Second indicator	三级指标 Third indicator	指标说明 Description of indicators
生计资本	自然资本	土地资本	土地质量*土地面积 土地质量赋值:1.非常贫瘠;2.贫瘠;3.一般;4.肥沃;5.非常肥沃
		家庭区位	到最近景区大门的距离
		饮用水质量	赋值:1.池塘河流;2.井水;3.自来水
	物质资本	房屋资本	房屋质量*房屋面积 房屋质量赋值:1.别墅;2.多层楼房;3.一层平房;4.土坯房
		耐用品价值	床、空调、洗衣机、电视、电脑、冰箱、自行车、电动车、摩托车、小汽车、手机等家庭耐用品的数量与单价乘积之和
		牲畜价值	牲畜数量*市场单价
	金融资本	家庭积蓄	赋值:0.无;1.1万~5万;2.5万~10万;3.10万~20万;4.20万~30万;5.30万以上
		借款、贷款、补贴等数量	(单位:万元)
		借款难易程度	赋值:1.非常不容易;2.不容易;3.一般;4.容易;5.非常容易
		贷款难易程度	赋值:1.非常不容易;2.不容易;3.一般;4.容易;5.非常容易
	人力资本	劳动力规模	家庭劳动力数量(18~65岁以上未上学且身体健康的为劳动力)
		劳动力受教育程度	劳动力平均受教育年限

一级指标 First indicator	二级指标 Second indicator	三级指标 Third indicator	指标说明 Description of indicators
生计资本	社会资本	认知能力	对旅游发展的了解程度,赋值:1.非常不了解;2.不了解;3.一般;4.了解;5.非常了解
		技能培训次数	家庭每年技能培训次数(单位:次)
		人情开支	家庭每年人情开支(单位:元)
		电话费开支	家庭每年电话费开支(单位:万元)
		社会网络支持	亲属/朋友为村干部或在政府机关或企事业单位、景区管理部门任职,赋值:0.无;1.有
		对游客的欢迎程度	赋值:1.非常不欢迎;2.不欢迎;3.一般;4.欢迎;5.非常欢迎
	文化资本	对民风民俗的了解程度	赋值:1.非常不了解;2.不了解;3.一般;4.了解;5.非常了解
		对民风民俗的继承意愿	赋值:1.非常不愿意;2.不愿意;3.一般;4.愿意;5.非常愿意
		是否保留传统的手工技能	赋值:0.无;1.有
生计策略	生计多样化		家庭生计方式的数量
	生计稳定性		每年家庭收入的变化幅度,赋值:1.非常大;2.大;3.一般;4.小;5.非常小
生计与生态的耦合协调度	生计系统	生计资本	如上
		生计策略	如上
	生态系统	压力	资源利用:家庭用水、家庭用电 物质排放:家庭垃圾、噪声污染 赋值:1.非常多;2.多;3.一般;4.少;5.非常少
		状态	自然生态环境:水环境、大气环境、土壤环境、动植物资源 人文生态环境:社会治安、卫生状况、精神风貌 赋值:1.非常不好;2.不好;3.一般;4.好;5.非常好
		响应	政府—社区:整治政策、整治资金、整治设施 个人:农户、旅游者生态保护意识及行为 赋值:1.非常不好;2.不好;3.一般;4.好;5.非常好

①综合值计算。

生计资本、生计策略、生计系统及生态系统通过加权求和的方法计算综合值，计算公式如式（7.1），f为综合值，取值范围为 [0-1]，0表示极差，1为极好，综合值越大，情况越好。采用极差标准化法对数据进行无量纲化处理，为避免人为因素带来的偏差，运用客观赋权的熵值法计算指标权重。X_j为各项指标均值，ω_j为各项指标权重。

$$f = \sum_{j=1}^{n} \omega_j X_j \tag{7.1}$$

②生计与生态耦合协调度计算。

耦合协调模型，式（7.2）。D为耦合协调度，值越大，耦合协调性越好，反之越差。k（n≥2）为调节系数，为了增加生计与生态系统耦合度的区分度，设定k为2。α、β分别为生计系统和生态系统权重，在本研究中，两者同等重要，均为0.5。$f(L)$为生计系统的综合值，$f(E)$为生态系统的综合值，计算方法通过模型（7.1）计算。

$$C = \left\{ \frac{f(L) \cdot f(E)}{\left[\frac{f(L) + f(E)}{2} \right]^2} \right\}^K \tag{7.2}$$

$$T = \alpha f(L) + \beta f(E) \tag{7.3}$$

$$D = \sqrt{C \cdot T} \tag{7.4}$$

③生计可持续性指数计算。

S为生计可持续性指数 [17]，X_{LC}、X_{LS}、X_{LEC}分别表示生计资本，生计策略以及生计与生态的耦合协调度的综合值，ω为权重，式（7.5）。

$$S = \omega_1 X_{LC} + \omega_2 X_{LS} + \omega_3 X_{LEC} \tag{7.5}$$

（2）评价结果。

①生计资本。

乡村旅游发展促进了农户生计资本提高，生计资本储量以及组合配置状况改变，其中社会资本、文化资本提升幅度最大，农户参与旅游前后生计资本的变化如图7-3所示。第一，乡村旅游发展，促使部分农户搬迁，离景区更近，利于旅游经营，家庭区位值升高。饮水条件也发生了改变，少数农户饮用水由以前的池塘水和井水改变为自来水，得益于乡村基础设施建设的改善。第二，物质资本得到明显提升。参与旅游后部分农户为了经营民宿、餐饮，自主翻新旧房子、修建新房子，甚至购买商品房，其房屋资本值提升。家庭耐用品资本值大幅提高，电视、空调等数量增多，部分农户买了小轿车。第三，金融资本有效提升。参与旅游后收入提高，积蓄增加。经营住宿、餐饮的农户由于前期投资较大，借款、贷款数量增多，政府给予相应的补贴。农户参与旅游积极性提高以及政府支持力度加大，农户认为借款贷款更为容易。第四，农户的人力资本有所增加。主要是参与旅游后，其认知能力和技能培训次数大幅增加，尤其是景区及酒店的员工，企业开展培训次数较多，提高了农户的专业技能和认知能力。第五，人脉关系更广，人情开支和电话费开支明显增加。社会网络支持值增加，亲人或朋友是否为村干部或景区管理者对农户参与旅游十分关键。农户对游客越来越欢迎，普遍认为游客越多，受益越大。第六，文化资本值有所增加。乡村文化是乡村旅游资源的重要部分，乡村的民风民俗是乡村原真性的基础，为了吸引更多游客，农户对乡村文化的关注度提升，愿意主动了解及继承传统文化。

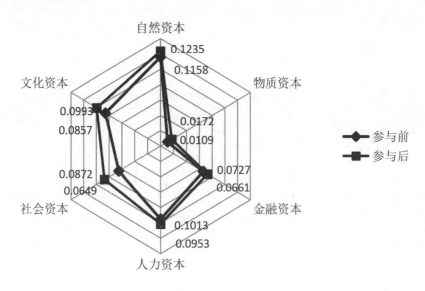

图7-3　参与旅游前后生计资本变化

　　总体来看，农户生计资本积累仍显不足，农户差异性较大。参与旅游后，家庭生计方式由务农转变为旅游经营为主，对土地的依赖程度降低，土地资本大幅降低。多数有参与意愿的农户因为家庭区位条件较差，缺乏开展旅游经营的机会。房屋资本、家庭耐用品等是农户生产生活的基础，物质资本仍处于较低水平。金融资本依旧较低，尤其是经营农家乐的农户，由于投资较大，导致家庭积蓄较少，甚至为零。人力资本存在受教育程度普遍较低，接受技能培训的农户有限，多为企业内部培训。多数农户缺少社会网络支持，社会资本不足。农户虽对民风民俗有了解和继承意愿，但乡村旅游产品文化特性不足，文化资本较低（见表7-3）。

表7-3　参与旅游前后农户生计权重资本综合值变化

项 目 Subject	参与前权重 Previous weight	参与后权重 Posterior weight	参与前值 Previous value	参与后值 Posterior value
自然资本	0.1785	0.1601	0.1158	0.1235
土地资本	0.0450	0.0327	0.0068	0.0029
家庭区位	0.0693	0.0650	0.0620	0.0607
饮用水质量	0.0641	0.0624	0.0470	0.0600
物质资本	0.1199	0.1139	0.0109	0.0172
房屋资本	0.0609	0.0546	0.0077	0.0080
耐用品价值	0.0479	0.0506	0.0030	0.0091
牲畜价值	0.0111	0.0087	0.0001	0.0002
金融资本	0.1956	0.1903	0.0661	0.0727
家庭积蓄	0.0576	0.0531	0.0125	0.0163
借款、贷款、补贴等数量	0.0089	0.0180	0.0001	0.0014
借款容易程度	0.0644	0.0600	0.0275	0.0287
贷款容易程度	0.0647	0.0592	0.0259	0.0263
人力资本	0.1977	0.2012	0.0953	0.1013
劳动力规模	0.0648	0.0604	0.0297	0.0277

项　目 Subject	参与前权重 Previous weight	参与后权重 Posterior weight	参与前值 Previous value	参与后值 Posterior value
劳动力受教育程度	0.0689	0.0641	0.0437	0.0406
认知能力	0.0630	0.0604	0.0219	0.0312
技能培训次数	0.0010	0.0163	0.0000	0.0018
社会资本	0.1539	0.1777	0.0649	0.0872
人情开支	0.0496	0.0484	0.0075	0.0135
电话费开支	0.0371	0.0476	0.0055	0.0133
社会网络支持	0.0007	0.0179	0.0001	0.0049
对游客的欢迎程度	0.0664	0.0638	0.0518	0.0555
文化资本	0.1545	0.1569	0.0857	0.0993
对民风民俗的了解程度	0.0659	0.0629	0.0397	0.0434
对民风民俗的继承意愿	0.0657	0.0630	0.0391	0.0436
是否保留传统的手工技能	0.0229	0.0310	0.0069	0.0123

②生计策略。

乡村旅游发展促使农户生计方式发生重构和变迁，生计趋于多样化。旅游景区建成后，非旅游生计方式的农户明显减少。农户参与旅游前，生计方式单一化的农户较多，以外出务工为主。之后两种或两种以上生计方式的农户比重稍有提高，但增幅不大。参与餐饮和住宿的农户较多，其次为旅游企业职工。50%以上的农户参与旅游的形式仅为一种，多为住宿及餐饮，且家庭成员几乎全参与到旅游经营中；而旅游商店、旅游企业职工、出租则需要较少劳动力，家庭的其他成员可选择其他生计方式。

生计稳定性有所提升，乡村旅游对农户生计稳定性具有一定的促进作用。生计稳定性除受到宏观经济环境的影响外，还与自身的受教育水平、劳动技能以及从事具体生计策略有关。参与旅游前，务工的农户生计稳定性较差，工作变动频率较大，每年收入不稳定。参与旅游后，农户总体的生计稳定性略有提升，工作较为固定，尤其是出租房屋、土地等及旅游企业职工的年收入较为稳定。

参与旅游后，生计方式单一的农户并未大幅下降，单一的务农、务工的生计方式转变为单一的旅游生计方式，多数农户对旅游的依赖度较高。虽然旅游生计相比务农、务工等生计方式的稳定性提升，参与旅游经营的农户对景区的发展水平依赖程度较高，尤其是参与餐饮、住宿及旅游商店的农户，其收入依赖于景区的游客量，因而总体稳定性不高。同时由于越来越多的农户参与经营餐饮、住宿及旅游商店，产品同质化严重，竞争激烈，导致部分农户的旅游收益较差。单一的旅游生计方式，较低的生计稳定性，制约农户生计的可持续性。

③生计与生态的耦合协调度。

黄陂在乡村旅游发展过程中，形成了政府主导、企业投资、农户参与的生态旅游发展模式。黄陂生态优势明显，为乡村旅游发展奠定了基础，黄陂区政府积极引导生态文明建设，黄陂的生态环境又上升了一个新台阶。根据公式，计算得出生计系统总值由 0.5781 提高到 0.6415，旅游发展对乡村生态具有一定的改善作用，旅游充分发挥了其生态功能，乡村生态系统指标的权重及综合值的变化如表7-4所示。通过调研发现，农户认为乡村发展旅游后，水环境、大气环境以及土壤环境及动植物资源等有所改善。相比自然环境，乡村人文环境的改善较大，尤其是卫生状况和精神风貌。

农户普遍认为政府、景区及社区对乡村生态环境整治的政策、资金及设施方面有所改善。企业帮助村落完善基础设施建设，包括房屋改造、水泥硬化路、星级厕所、路灯、绿化带、生态停车场、自来水厂、污水处理厂、垃圾桶及通信网络等。项目建设使得农村脏乱差环境得到改善，提升了农户的生产生活条件，村容村貌更加优美。农户对美好生活更加向往，农民成为旅游开发的直接受益者，因而主动参与到村庄治理和生态保护中来，由原来的卖资源（卖树、卖炭、卖柴等）低效短期行为，变为卖风光高效长期行为。农户是旅游开发的直接受益者，较为关注乡村生态环境保护，主动参与到村庄治理和生态保护中来。美丽乡村建设取得显著成效，刘家山村被评为国家级生态村、胜天村为全国厕所革命的模范村，张家榨村被评为中国最美休闲乡村等称号。

表7-4 乡村旅游发展前后生态系统权重及综合值变化

项 目 Subject		参与前权重 Previous weight	参与后权重 Posterior weight	参与前值 Previous value	参与后值 Posterior value
压 力		0.2530	0.2309	0.1493	0.0833
资源利用	家庭用水	0.0628	0.0543	0.0351	0.0158
	家庭用电	0.0628	0.0558	0.0355	0.0160
物质排放	家庭垃圾	0.0637	0.0588	0.0365	0.0213
	噪声污染	0.0637	0.0620	0.0422	0.0302
状 态		0.4366	0.4489	0.2744	0.3246
自然生态 环 境	水环境	0.0618	0.0621	0.0386	0.0396
	大气环境	0.0617	0.0649	0.0448	0.0490
	土壤环境	0.0626	0.0635	0.0394	0.0412
	动植物资源	0.0634	0.0642	0.0417	0.0464
人文生态 环 境	社会治安	0.0631	0.0644	0.0415	0.0480
	卫生状况	0.0615	0.0646	0.0337	0.0492
	精神风貌	0.0625	0.0652	0.0347	0.0511
响 应		0.3102	0.3202	0.1544	0.2336
政府— 社区—企业	整治政策	0.0627	0.0645	0.0323	0.0467
	整治资金	0.0619	0.0648	0.0306	0.0466
	整治设施	0.0621	0.0646	0.0312	0.0472
个 人	农户	0.0621	0.0644	0.0303	0.0469
	旅游者	0.0614	0.0619	0.0300	0.0463

耦合度反映生计与生态系统之间相互作用的强弱，参与旅游前后，生计和生态的耦合度都很高，分别为0.95和0.96，接近于1，说明两个系统耦合性处于较高的水平，二者相互牵制，协同作用强，实现两者共赢对促进人地关系和谐发展具有重要作用。耦合度协调度衡量两者整体协调发展水平的高低，根据耦合协调发展的类型划分和评判标准，参与旅游前后，农户生计与生态系统的耦合协调度分别为0.69、0.74，由初级向中级恢复发展。乡村旅游对生计与生态的耦合协调具有一定的促进作用，但提升幅度较小，生计与生态系统非优质协调发展，制约农户生计的可持续性。

旅游发展促进了乡村旅游生态环境的改善，但生态压力明显加大。多数经营餐饮、住宿的农户的用水、用电及垃圾明显增多，生态压力加大。部分农户认为旅游发展后，乡村噪声污染加大，对日常生活有一定影响。乡村旅游发展后，生计与生态系统的耦合协调水平仍然较低，人地关系尚没有达到最优状态，需进一步调整乡村旅游发展模式，改善乡村旅游生态环境，实现生计与生态系统的共赢。

④生计可持续性指数分析。

通过计算得出，农户参与旅游前 ω_1，ω_2，ω_3 的值分别为 0.3268、0.2923、0.3809，参与后的值为 0.3429、0.3150、0.3421，指标权重值并未有大的变化。X_{LC}，X_{LS}，X_{LEC} 参与旅游前的值为 0.4636、0.3613、0.3421，参与后的值为 0.5980、0.4141、0.6867，农户参与旅游后，生计资本、生计策略以及生计与生态的耦合协调度都有所提升。

农户生计可持续性指数从 0.4143 增加到 0.5704，旅游对农户生计可持续性有一定的促进作用，但由于生计资本积累不足、生计多样性及稳定性较差、生态与生态非优质协调发展等制约因素的影响，旅游生计可持续性指数仍处于较低水平，且农户个体之间的生计可持续指数差异性明显（见图7-4）。

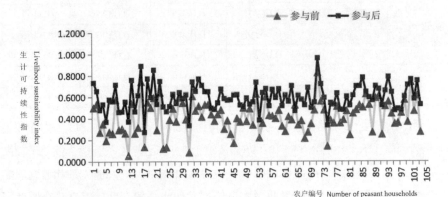

图7-4　被调研农户参与旅游前后的生计可持续指数

（3）可持续生计实现与乡村振兴的实施路径。

①增强生计资本水平，缩小农户差距。

生计资本是农户开展生计活动的基础，增加生计资本的储量，提高生计的质量，增强旅游生计资本的专业化程度，同时减少农户之间的差异。家庭区位方面，引导农户提高对互联网力量的认识，强化对网络预订的学习及培训，弥补区位条件的不足。加大金融资本扶持力度，强化融资渠道，对开展旅游经营活动的农户，加强政策性金融支持，减免税收，适当给予补贴，完善乡村的金融服务，满足农户的贷款需求，同时引导民间资本投入，形成多渠道多元化的资本投入机制。政府要积极组织当地居民参加相关的教育与旅游技能培训，加强自身旅游接待服务素质的培养，正确认识旅游发展环境以及自身的优劣势，提高旅游经营与服务技能，增强竞争意识。此外，积极引进专业人才，鼓励人才下乡建设，帮助农户开展旅游经营活动，提升人力资本。鼓励农户积极建立或参加相关的社会组织，拓展人脉关系，加强互动，增强自身的社会资本，加强信息对称和共享，充分发挥社会关系网络的价值。合理利用农业资源等乡村旅游资源，充分挖掘乡村文化，加强实用技能的培训，如代表乡村文化的手工艺品等。加强旅游基础设施的建设，对农户的房屋资本，尤其是开展餐饮、住宿等经营活动的农户进行统一规划，给予资助。此外，建立利益保障和利益共享机制，缩短农户之间的差距，保证农户拥有均等发展机会，减少矛盾与冲突。

②理性参与旅游，建立产业融合发展机制。

原先以打工、农业为生计策略的农户看到旅游发展带来的经济利益后，纷纷参与旅游，且参与形式主要集中在餐饮与住宿等较为单一和传统的形式，旅游产品同质化严重。且农户缺乏经营技巧与理念，导致竞争激烈，旅游淡季时经营惨淡，并未收到预期的生计结果。因此，政府、景区等要引导农户理性参与旅游，不可盲目跟风，根据自身的生计资本积累水平，选择适宜的旅游生计方式，切莫盲目扩大经营规模。此外，引导农户拓展新型旅游生计方式，引导农户良性竞争，实现旅游生计方式的多样化。旅游与其他生计有千丝万缕的联系，如何将旅游业更好地融入当前的生计活动中，是减少和消除其消极影响的关键所在。依赖于单一的旅游生计策略使得风险增大，生计很难实现可持续性。通过基于旅游者的需要以及当地的自然和文化资源实现生计多样化，可以最大限度地发挥旅游带来的机会，降低旅游的依赖度，其风险抵御能力大大增强。探索三产融合机制，实现农旅融合、文旅融合等，促进旅游生计与其他生计方式的融合发展，实现生计多样化，保持生计的稳定性，从而实现可持续生计。旅游是其他生计活动的补充，但不能替代其他的生计方式。旅游收入可以增加其他生计活动的现金投资，人们的技能知识水平的提高有助于开展其他生计活动，同时对于非旅游小企业而言市场可以得到拓展。

③发展乡村生态旅游，生计与生态优质协调发展。

旅游发展对乡村的生态环境具有显著的积极影响，尤其是乡村人文生态环境得到了极大的改善，但是乡村的旅游生态环境仍然存在问题，主要是生态压力较大，生计与生态耦合协调发展水平不高。为避免乡村生态环境遭受损害，保持和加强造福于子孙后代的资产以及实现人地关系和谐发展，要充分发挥乡村旅游的生态功能，创新生态旅游发展模式。根据乡村自身特色，充分利用乡村的自然与文化资源，因地制宜开发乡村的旅游资源，实现生计与生态优质协调发展，确保乡村资源得到有效利用。景区在规划开发与运营时，要合理利用自然资源，保护生态环境，避免破坏性的开发，防止污染，维持生态平衡，合理安排地域环境容量，保持在环境承载力范围内。农户在生活与生产活动时，鼓励清洁能源的使用，尤其为经营住宿、餐饮时，引导绿色发展，节约利用资源，减少生态压力。组织成立社区生态旅游合作组织，开展生态保护教育。

7.4.2 龙韵村易地搬迁与乡村旅游扶贫模式研究

龙韵村位于湖北省十堰市郧阳区柳陂镇，该村自2016年开始动工建设，到2019年建成。全村占地面积150余亩，建筑面积11万平方米，投资约3.8亿元，其中建楼31栋，有电梯房13栋，房型有50、75、100、125平方米四种类型，保障了贫困户住房需求，贫困户自2017年开始搬迁，目前已安置柳陂镇搬迁户918户，共3211人。仅有少部分贫困户还未实现脱贫，2019年12月实现全部脱贫。

龙韵村地处秦巴山区，是我国集中连片贫困区之一。龙韵村建设规模较大，搬迁时间较早，农户生计发展转型较为成熟，具有典型性。龙韵村是十堰市第一个为易地搬迁安置设立的新行政村，也是郧阳区最大的易地搬迁集中安置点。产业配套较为完善，农户生计转型显著。龙韵村将扶贫搬迁与产业发展同步推进，提升贫困户生计能力，配套建设柳航袜业扶贫车间，搬迁户可直接参与。同时，成立专业合作社和扶贫开发公司，大规模发展香菇产业及布艺、草艺、陶艺等手工坊。除此之外，还建设了村落文化记忆街、传统民俗工坊街、古朴汉江风情街三条街区，通过发展乡村旅游带动群众致富，从而实现新村乡村振兴。

为了更好地了解龙韵扶贫效果与农户生计资本的变化，笔者基于参与式农村评估法（Participatory Rural Appraisal，PRA）对龙韵村进行了实地调研。笔者一行 10 人于 2019 年 7 月 3—10 日在龙韵村进行实地调研。首采用调查问卷、村委会领导深度访谈、观察法、小型座谈会等多种方法进行。先与当地村干部进行深度访谈，访问关于当地移民搬迁发展情况、农户生计以及产业扶贫状况。通过随机抽样，从 A、B、C、D 四个居住区中选取了 115 户搬迁家庭，为保证调研质量，调研采取一对一农户深度访谈形式，优先选择家庭中受教育程度较高的成员，每户调查时间约为 40~60 分钟。最终获得有效问卷 115 份，问卷回收率、有效率均为 100%。问卷主要由三部分组成：①家庭成员基本情况（性别、年龄、受教育程度、健康状况等）；②搬迁前后的家庭生计资本（自然资本、物质资本、金融资本、社会资本、人力资本）、生计策略、生计结果等；③农户对搬迁政策的满意度及影响因素等。

调研基于"可持续生计"框架进行。生计是人们赖以谋生的方式。"可持续生计"概念最早见于 20 世纪 80 年代末世界环境与发展委员会的报告。可持续生计广泛应用于农村发展与贫困缓解等领域问题和乡村转型发展研究，涵盖农户生计转型、生计策略、生计资本、国家和区域政策对农户生计影响、农户生计演化对环境影响等领域。英国海外发展部（DFID）提出的可持续生计分析框架最具有影响力，应用也最广泛。依据 DFID 框架，农户的生计由脆弱性背景、生计资本、结构和制度的转变、生计策略和生计结果 5 个部分组成，其中核心部分为生计资本、生计策略和生计后果。依据相关研究及可持续生计框架，构建评价指标体系，见表 7-5。

表7-5　农户家庭生计资本、策略、结果测量指标内容

类别	一级指标	二级指标	指标说明
生计资本	自然资本（N）	耕地面积N1	家庭所承包的耕地面积（单位：亩）
		耕地质量N2	非常贫瘠=1；贫瘠=2；一般=3；肥沃=4；非常肥沃=5
	物质资本（P）	房屋面积P1	家庭居住的房屋面积（单位：平方米）
		房屋结构P2	土木结构=1；砖块结构=2；钢筋混凝土结构=3；砖混结构=4；钢结构=5
		家庭耐用品资产总额P3	床、空调、洗衣机、电视、冰箱、电动车、摩托车、小汽车、手机等家庭耐用品的数量与单价乘积之和
	金融资本（F）	家庭年收入F1	单位：元
		家庭存款F2	
		借贷款数额F3	
		借贷款难易程度F4	非常难=1；难=2；一般=3；容易=4；非常容易=5
	社会资本（S）	是否行政机关任职S1	否=1；有=2
		邻里关系S2	非常不好=1；不好=2；一般=3；好=4；非常好=5
		红白喜事支出S3	以一年为单位
	人力资本（H）	家庭总劳动人数H1	家庭劳动力数量（18~65岁未上学且身体健康的为劳动力）
		平均受教育程度H2	文盲=1；小学=2；初中=3；高中=4；大专及以上=5
		接受技能培训的次数H3	家庭每年技能培训次数（单位：次）
生计策略		纯农型	完全从事农业活动
		非农型	完全从事非农业活动
		兼业型	从事非农业活动和农业活动
生计结果	经济水平	家庭总收入	单位（元）
		家庭总支出	单位（元）
	自然环境	生态环境	村民对该村生态及生活环境质量的感知评价
		生活环境	

生计资本是可持续生计框架的基础。龙韵村贫困户生计资本主要由5部分构成：人力资本（H）、自然资本（N）、社会资本（S）、物质资本（P）、金融资本（F）。生计策略是指农户对自身所拥有的生计资产进行组合和使用的方式，以追求目标的生计结果。在前人研究及入户调研的基础上，将龙韵村搬迁户生计划分为三类：纯农型、非农型及兼业型。生计结果的评价包含农户经济水平以及居住的自然环境。而经济水平包括收入和消费两方面，自然环境的考察，则主要从村落周边环境、居住条件、居住环境、内部景观以及居民对环境的感知评价进行分析。

指标权重选择熵值法进行确定，熵值法可利用指标自身的信息来确定指标的权重，从而对系统做出客观综合的评价。利用熵值法确定的生计资本的权重及综合值如表7-6所示。

表7-6 农户搬迁前后生计资本权重及综合值变化

生计资本	参与前权重	参与后权重	参与前资本值	参与后资本值
自然资本（N）	0.1955	0.1074	0.0722	0.0244
N1	0.1246	0.0738	0.0323	0.0052
N2	0.0709	0.0336	0.0398	0.0192
物质资本（P）	0.1865	0.2196	0.0448	0.1079
P1	0.0716	0.0608	0.0232	0.0259
P2	0.0682	0.0817	0.0079	0.0568
P3	0.0467	0.0771	0.0137	0.0252
金融资本（F）	0.1885	0.2407	0.0413	0.0612
F1	0.048	0.0659	0.0107	0.0122
F2	0.0512	0.0591	0.0064	0.0103
F3	0.0481	0.0685	0.0015	0.0069
F4	0.0412	0.0472	0.0227	0.0318
社会资本（S）	0.2047	0.2052	0.0726	0.0693
S1	0.0841	0.0735	0.0218	0.0013
S2	0.0641	0.0642	0.0433	0.039
S3	0.0565	0.0675	0.0075	0.029
人力资本（H）	0.2249	0.2269	0.104	0.1159
H1	0.0559	0.0529	0.0178	0.0169
H2	0.1096	0.0977	0.0579	0.0516
H3	0.0594	0.0763	0.0283	0.0474

（1）生计资本明显提升，扶贫效果显著。

龙韵村搬迁前后生计资本总值由 0.3349 提高到 0.3787，易地搬迁促进了农户生计资本水平的提高、生计资本储量增加以及组合配置状况改变，物质资本、金融资本以及人力资本综合值都有所提高，其中物质资本提升幅度最大；自然和社会资本综合值有所下降，表 7-6，图 7-5。

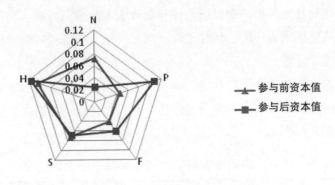

图 7-5　农户生计资本变化

自然资本在搬迁前后有较大幅度的减少，比较结果显示，搬迁以后家庭自然资本均值净减 0.0478，减幅较大。主要是因为农户搬离以前的居住地后，新安置区无地可种。对青年人和中年人来说，搬迁后距离原村庄耕地的距离远，他们认为打工相对于种地来说收入更高更稳定，不愿花费大量的时间种地；而对老年人来说，外部条件以及自身条件的限制导致他们也无法种植耕地，家庭可种植的耕地面积几乎为 0。除此之外，土地的长期闲置也导致土地杂草丛生，土壤肥力下降，耕地质量变差。

搬迁后农户物质资本的转变十分巨大。物质资本值相比其他资本值明显升高，由 0.0448 增长到 0.1079。原因在于搬迁之后农户住房条件普遍得到提高，虽然由于安置区空间的限制，搬迁后家庭人均住房面积变小，但房屋结构由土木结构变为砖混结构，住房安全提升。农户搬迁前家庭固定资产匮乏，搬迁后固定资产得到提升，家中常用的生活耐用品数量明显增加，生活条件得到改善。

从金融资本来看，农户参与搬迁后，金融资本由 0.0413 增长到 0.0612，收入提高，积蓄也有所增加。搬迁前家庭以农业收入为主，收入较少且不稳定，搬迁之后农户无地可种，以打工收入为主，配套建设的柳航袜业扶贫车间以及成立的专业合作社和扶贫开发公司，都为搬迁户提供了稳定的工作及收入来源。搬迁后农户需要置办的固定资产增多，因此借贷款数额有所上升。当地政府鼓励农户自主创业，因而借款与贷款的容易程度略有增长。

社会资本由 0.0726 减少到 0.0693。一方面红白喜事支出表明了农户与亲朋好友联系的密切程度，反映其对关系网络的维护意识。红白喜事支出的增加是由于搬迁后迁入地婚丧嫁娶等人情支出整体水平的提高。搬迁后农户处于陌生的环境中，和外村村民的关系仅停留在认识的层面，没有深入的交往，和原村村民来往的机会大于和外村村民来往的机会，关系也显得更好。

人力资本有小幅度增加，从 0.104 增加到 0.1159，人力资源得到合理配置，其中劳动力规模和劳动力的受教育程度略有降低是由于权重的降低。搬迁后，多数农户对当地扶贫政策有所了解，所接受的技能培训次数增多，尤其是参与产业扶贫车间的农户，其技能和认知能力大幅提高，扶贫与扶智相结合。

（2）生计策略转型，由纯农型为主转为非农性和兼业型。

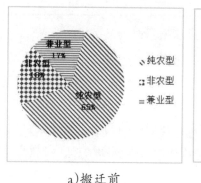

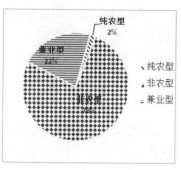

a)搬迁前　　　　　　　　　　b)搬迁后

图7-6　搬迁前后移民生计策略分布

易地扶贫搬迁促使农户生计方式发生重构和变迁，搬迁后由于农户生存背景和自身属性的改变，必然重新选择生计策略。搬迁前纯农型是主要的生计策略，以从事种植业和养殖业为主，农业收入是家庭收入的主要来源，人均收入为 2240 元，低于国家贫困线标准；而搬迁后非农型比例大幅度上升，由 18% 增长到 76%，相应的纯农型由 65% 下降到 2%，采取农业与非农业活动兼具的方式来维持生计的兼业型的比例也有小幅度上升（见图7-6）。如表7-7所示，除纯农型外，非农型和兼业型在搬迁后收入都有大幅度增加。其中，兼业型无论搬迁前后均为三种生计类型中收入最高的，人均收入由2608元增长到7932元。

表7-7 农户分类及其基本特征

农户类型	纯农型		兼业型		非农型	
	搬迁前	搬迁后	搬迁前	搬迁后	搬迁前	搬迁后
各类农户占比(%)	65	2	17	22	18	76
户均人口(人)	4.1	2.5	4.2	4	3.95	4.15
户均劳动力(人)	2.05	1.5	2.55	2.7	1.9	2.5
户均耕地面积(平方米)	3.96	0.6	3.02	1.24	2.65	0.09
户均房屋面积(平方米)	99.72	55	95.75	92.2	74.76	96.01
户均耐用消费品数量(个)	7.19	5	6.3	8.72	5.7	8.99
家庭人均总收入(元)	2240	1500	2608	7932	2555	6939
家庭人均农业收入(元)	1209	1500	617	135	242	29
家庭人均务工收入(元)	755	0	1837	4830	2126	5718

（3）收入增加，经济水平提高，环境质量改善。

龙韵村农户基本实现脱贫，搬迁前家庭人均年收入为2554.87元，低于国家贫困线标准，搬迁后增加到6089.35元，增幅较大。除此之外，农户日常支出和非必需品支出的比重均有所增加。整体消费水平上，搬迁前农户人均消费为1642.45元，搬迁后提高到3930.57元；在消费结构中，搬迁后教育等非必需品支出占比达到42.94%，农户对子女教育的投入不断增加，对教育不断重视，有效预防贫困的代际相传。

在收入增加、经济发展的基础上，龙韵村整体环境质量得到改善，人居环境优化。龙韵村既是新建的移民新村，也是当地乡村旅游发展的重点地区。村落内部及周边环境进行了旅游景观化打造，自然环境质量整体得到提升。其次，教育、医疗、道路、水电等基础设施的完善提高了搬迁户的生活质量。在调研中，相比于过去村庄的环境，所有被调研农户均认为现在村庄的环境质量非常好。

（4）易地扶贫搬迁政策满意度较高。

　　为了更好地了解搬迁户对易地搬迁政策的满意度，深入分析扶贫效果及可持续性，本研究从扶贫政策的制定、宣传、落实、效果4个方面来分析扶贫政策满意度，具体指标见表7-8。易地搬迁户对扶贫政策的满意程度，从"很不满意"到"很满意"分别赋值1~5分（总分为5分）。

表7-8　农户易地搬迁扶贫政策满意度指标及描述性统计（均从农户角度）

指　标		定　　义	均值	标准差	最小值	最大值
扶贫政策满意度		非常不满意=1；不满意=2；一般=3；满意=4；非常满意=5	3.71	0.95	1	5
政策制定	搬迁政策的制定考虑居民利益	非常不同意=1；不同意=2；中立=3；同意=4；非常同意=5	3.37	0.86	1	5
	搬迁政策使多数人满意		3.57	0.74	2	5
			3.47			
政策宣传	对搬迁政策的知晓度	非常不了解=1；不了解=2；一般=3；了解=4；非常了解=5	3.48	0.73	1	4
			3.48			
政策落实	接受相关技能培训的机会	非常少=1；少=2；一般=3；多=4；非常多=5	3.13	1.01	1	5
	政策实施过程中公众能发挥监督作用	非常不同意=1；不同意=2；中立=3；同意=4；非常同意=5	3.13	0.86	2	5
	保障体系完善		2.86	0.92	1	5
			3.04			
政策效果	易地搬迁利大于弊	非常不同意=1；不同意=2；中立=3；同意=4；非常同意=5	3.83	0.78	1	5
	易地搬迁实现脱贫致富		3.31	0.91	1	5
			3.57			

　　结果表明，农户对于扶贫政策的满意程度较高，样本的平均分为3.71分，介于一般和满意之间。持满意以上态度的有79户，占68.67%；不满意以及非常不满意的仅有11户，占9.5%。由此可见，龙韵村大多数农户对于扶贫政策持满意态度。在调查中发现，持不满意及非常不满意的农户大多是因为搬迁后的安置房面积没有达到自己的期望，希望得到更大面积的房屋的要求没有得到满足。

农户对政策制定、政策宣传以及政策效果的满意度均较高，分别为3.47、3.48、3.57。而对政策落实的满意度较低，为3.08，"接受技能培训的机会"和"公众发挥监督作用"两个指标的均值都在一般水平之上，"保障体系完善"的均值为2.86，低于一般水平，多达47%的农户对"保障体系完善"持不同意和非常不同意的态度。这说明农户对政府后续扶贫措施存在一定的意见。另外，51.3%的农户同意"易地搬迁实现脱贫致富"，但仍有20.9%的农户认为移民搬迁并没有帮助他们实现脱贫致富，这说明移民搬迁虽然取得了一定的效果，但仍有许多需要改进的地方。

龙韵村案例启示：

（1）易地扶贫搬迁增加了农户的生计资本，扶贫效果显著。搬迁后农户的生计资本增加了0.0478，增幅较大，物质、金融以及人力资本综合值都有所提高，易地扶贫政策对帮助农户脱贫致富具有深远影响。

（2）易地扶贫搬迁促进了农户生计策略的转变。搬迁后农户选择纯农型生计策略的比例下降，而更倾向于选择非农型。兼业型农户收入最高，家庭生计方面的优势最大，应对生计风险的能力也最强。由于龙韵村为新建安置村，时间短，各项产业刚起步，因此搬迁后农户生计策略的多样性依然不明显，仍然以打工为主要的生计方式。

（3）易地扶贫搬迁促进了生计结果的整体优化，农户的收入提高，生活环境质量改善。搬迁前家庭人均年收入为2554.87元，搬迁后增加到6089.35元。整体消费水平也有所上升，由搬迁前的人均消费1642.45元提高到3930.57元。其次，生态环境和生活环境质量都有较大提升，反映出扶贫具有一定的效果。

（4）农户对扶贫政策整体持满意态度，均值为3.71，但实现可持续生计还需更多努力。农户对政策制定、宣传以及效果的满意度较高，分别为3.47、3.48、3.57，而对政策落实，尤其是保障体系的满意度均值仅为2.86，低于"一般"水平。因此，政府还需要做出更多努力实现农户的可持续生计，保证农户的后续发展。

（5）龙韵村目前返贫情况虽不明显，但存在一定的返贫隐患。首先，从农户自身看，家庭劳动力受教育程度和整体素质普遍偏低，收入的主要来源仍是打工和政府提供的生活保障性资金；自我发展意识不足，依赖政府帮扶，从而阻碍家庭发展。其次，生计策略的可持续性差，仍以务工为主，只有极少数从事小规模、小成本的个体经营，生计方式单一。最后，多达47%的农户认为后续保障体系不够完善，容易增加返贫风险和政府在脱贫攻坚工作中的难度。

在后期发展中，可适当考虑发展其他相应的产业帮助农户提高家庭收入，但不能舍弃耕地的作用，应通过土地流转等政策保证耕地资源不受破坏的前提下，适当进行生计策略的转变。政府需要鼓励并支持农户开展多样的、有特色的生计活动，促进农户生计转型，从而提高他们应对风险的能力。加大对社区的产业扶持力度、多在社区开展就业培训。全面提升乡村整体水平，提高农户整体素质，完善各项救助制度和保障制度，强化乡村治理体系和治理能力，在乡村振兴的基础上，形成防范返贫的长效机制，有效地、可持续地消除贫困。

7.4.3 十堰市樱桃沟村农户生计适应性研究

7.4.3.1 研究背景

乡村旅游作为实现生态文明建设、促进绿色发展及推动美丽乡村建设的重要途径之一，正逐渐被业界及学术界关注和重视。同时，乡村振兴战略的总要求是"产业兴旺、生活宜居、乡风文明、治理有效、生活富裕"，实现居民生计可持续是实现乡村振兴战略和乡村旅游可持续发展的重要目标。在兼具生产、生活、文化及生态等多重功能的乡村地区，外界旅游的介入对农业、农村及农户产生着重大影响，尤其是对处于主体地位的农户。旅游的发展改变了农户传统的生计组合模式，生计方式发生着重构和变迁，对实现可持续生计具有重要促进作用。但同时，乡村旅游也作为一种外界扰动因素，给村落的社会、经济和生态系统带来了多重风险和考验，对农户生计造成显著影响。在乡村社会—生态系统中，农户是最基本的社会组织，其生计如何适应乡村旅游发展带来的转变以及其适应能力怎样等问题，已成为衡量我国乡村振兴战略实施效果的重要问题。

适应性研究于20世纪90年代被用于全球气候与环境变化研究，联合国政府间气候变化专门委员会（IPCC）将适应性定义为社会、经济和生态系统通过调整自身属性来适应气候变化和趋利避害的能力。随着社会—生态系统和可持续发展等研究领域的不断深入，学者们在适应能力评价、气候变化的适应性以及社会—生态系统脆弱性等方面取得了丰富的研究成果。同时，适应性研究的视角逐步由国家、区域扩展到社区、农户等微观层面。Coleman 等（2011）基于社会—生态系统理论，从森林状况对整体系统内部的扰动和适应能力变化进行了量化分析；Pandy 等（2011）以社会、经济和环境三大体系提出了包括自然能力、物质能力、人文能力和金融能力的适应能力评估框架；喻忠磊等（2013）基于可持续生计框架构建了农户适应能力评估体系。目前，乡村旅游地农户生计资本、生计策略以及生计结果等方面颇为成熟，而农户生计适应性和适应策略应如何调整等问题的研究还较为欠缺。因此，论文选取地处南水北调中线工程源头核心保护地带、生态地位突出的湖北省十堰市樱桃沟村为研究区域，对研究区农户生计状况及适应能力进行定量测度，探讨微观尺度的农户生计适应变迁机制，以期促进农户生计的可持续性，为乡村振兴及乡村转型发展提供支撑。

7.4.3.2 樱桃沟村乡村旅游发展概况

樱桃沟村地处鄂西北秦巴山区，于十堰市城区与郧阳区连接处，北距郧阳区城关镇4公里，南距十堰城区10公里。全村面积7.7平方公里，辖11个村民小组，526户，共1888人。2008年以来，樱桃沟借助独特的自然环境、"一村接两城"的区位优势以及当地的樱桃花、樱桃、草莓等乡村资源和产业优势，大力发展乡村旅游。在乡村旅游发展的不同时期，农户的生计状态也随之发生变化。总体来看，樱桃沟村乡村旅游发展主要经历了发展初始期、发展成长期及发展稳定期三大阶段。

2008年，樱桃沟村抓住"鄂西生态文化旅游圈"的契机，通过环境整治、房屋改造、旅游策划等途径，突出当地乡村旅游特色，着力打造南水北调源头生态型乡村旅游典范。该时期樱桃沟村拉开了乡村旅游开发的序幕，农户正式初步接触到旅游业，仅有少部分农户参与到其中，多数农户仍以耕种少量的坡地或外出务工为生，村内农业生产结构单一，受水旱灾害的影响较大，农户的生计环境较为恶劣。2012年，该村启动"美丽乡村"建设工程，通过与北京绿十字文化传播中心、中国乡村规划设计院等单位合作，先后启动了河道治理、景观修复、产业基地建设等项目。随着外部资金、智力支持的大量进入，樱桃沟村的乡村旅游建设进入快速发展期。该时期樱桃沟村的经济结构发生重大变化，农户不再依靠单一的种植业，农户参与旅游的程度变高且积极性主动性较强，出现复合型生计行为，农户的物质需求逐步得到满足。

2016年以来，该村通过打造郧阳新街、太极广场、樱桃小镇等旅游项目，吸引了来自省内外众多乡村旅游者，游客量年均达到50万人次，目前已荣获"湖北旅游名村""湖北省休闲农业示范点""中国美丽休闲乡村"以及"中国乡村旅游模范村"等称号。该时期樱桃沟村旅游发展处于稳定期，该村依托"公司+合作社+农户"模式改变了当地产业结构和生产生活环境，村落的公共设施得到明显改善，农户的生计类型逐渐多样化，但对旅游业的依赖程度变高，随着旅游淡旺季的改变农户生计状况也随之改变。同时存在因乡村资源过度开发及游客大量进入等导致生态环境恶化、利益相关者矛盾尖锐等恶劣现象，从而导致农户的生计环境存在遭到破坏的风险。

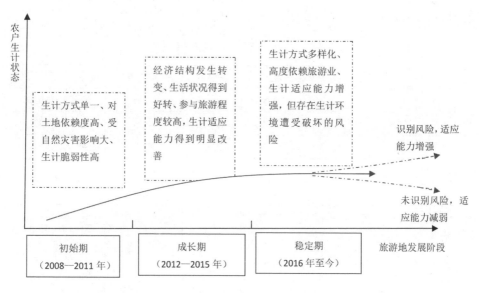

图7-7　樱桃沟村不同旅游发展阶段农户生计状态

7.4.3.3 数据来源和研究方法

（1）数据来源。

为更好地获取樱桃沟村农户生计转型及生计适应能力等数据，在前期预调研的基础上，笔者一行8人于2019年7月3—10日深入案例地进行实地调研，调研分为两个阶段。首先，以座谈的形式对郧阳区政府办公室、文化和旅游局、樱桃沟村委会以及樱桃居旅游开发有限公司等相关领导进行访谈。获取了包括樱桃沟村乡村旅游发展概况、发展阶段、农户生计转型、生计结果等相关情况。其次，采用参与式农村评估法（PRA）对樱桃沟村农户进行问卷调查。以半结构访谈和重点对象深度访谈为主，获取一手数据。问卷调查采用"一对一"的方式，每户调研耗时约为1小时，确保数据的真实性、科学性和可靠性。本次调研共发放问卷122份，剔除无效问卷，共收回有效问卷117份，问卷回收率为95.90%。

入户调研以农户应对乡村旅游发展的生计适应能力为主题，包括三方面内容：①农户家庭的基本情况，年龄结构、受教育程度、家庭人口规模等；②农户生计资本状况，包括耕地面积、家庭存款、社会网络等；③农户的生计适应能力和适应行为等（见表7-9）。

表7-9　调查农户基本情况

指标	属性值	数量	占比（%）	指标	属性值	数量	占比（%）
性别	男	86	73.50	受教育程度	文盲	23	19.66
	女	31	26.5		小学	40	34.19
年龄	≤30岁	7	5.98		初中	39	33.33
	31-59岁	67	57.27		高中	9	7.69
	≥60岁	33	49.25		大专及以上	6	5.13
家庭人口数	1-2人	12	10.26	是否参与旅游	是	51	43.59
	3-4人	47	40.17				
	5-6人	51	43.59		否	66	56.41
	7人以上	7	5.98				

（2）评价指标体系。

适应能力作为系统适应性的核心，其状态是影响农户适应行为的内部因素，并进一步决定农户的适应类型。目前，多数研究对适应性的评价源于对恢复力和脆弱性框架的阐述，主要涵盖可持续生计分析框架、社会—生态系统脆弱性评价体系及"暴露性—敏感性—适应性"分析框架。本研究从可持续生计框架出发，借鉴Pandey等（2011）提出的适应能力评估框架，参考已有研究和案例地实际情况，综合指标选取的科学性、合理性、真实性以及可操作性等原则，构建乡村旅游地农户生计适应性评价指标体系，包括农户的自然能力、物质能力、社会能力、金融能力、人才能力和认知能力六大评价维度（见表7-10）。

自然能力反映农户对自然环境的适应情况，主要体现在农户拥有的耕地面积、林果面积及土地质量等；物质能力表示农户选择适应措施的外部设施设备，包括家庭物质资产价值、房屋面积、房屋结构等；社会能力反映作为适应主体的农户在面临外部环境变化时能够利用的社会资源，包括社会网络、邻里关系以及对周围人的信任等；金融能力是指农户适应外界冲击时可以采取的资金集聚和转移，包括家庭存款、借贷款机会等；人才能力和认知能力是农户为适应外部环境变化，利用自身生计资源和认知机会采取不同生计策略来选择合理适应行为的能力，包括劳动力规模、接受培训机会、旅游政策知晓度以及对旅游开发态度等。

表7-10　乡村旅游地农户生计适应性评价体系

指数	一级指标	二级指标	指标赋值及定义	均值	标准差	权重
生计适应性	自然能力	耕地面积	实际数值（单位：亩）	2.5692	1.2924	0.0302
		耕地质量	1=非常贫瘠 2=贫瘠 3=一般 4=肥沃 5=非常肥沃	3.0769	0.6013	0.0369
		林果地面积	实际数值（单位：亩）	0.8291	0.7012	0.0315
		林果地质量	1=非常贫瘠 2=贫瘠 3=一般 4=肥沃 5=非常肥沃	3.0598	0.6704	0.0349
	物质能力	住房结构	1=土木结构 2=砖块结构 3=钢筋混凝土结构 4=砖混结构 5=其他	2.9744	0.9912	0.0433
		住房面积	家庭居住的房屋面积（单位：平方米）	155.0256	72.0914	0.0597
		家庭物质资产价值	床、空调、洗衣机、电视等家庭耐用品的数量与单价乘积之和	58142.4103	56993.5494	0.0676

（续表）

指数	一级指标	二级指标	指标赋值及定义	均值	标准差	权重
生计适应性	社会能力	房屋改扩建难易程度	1=非常难 2=难 3=一般 4=容易 5=非常容易	3.0598	0.7876	0.0535
		邻里关系	邻里和睦程度，1=非常不好 2=不好 3=一般 4=好 5=非常好	3.8462	0.5936	0.0302
		社会网络	是否有家人、亲戚或朋友在村镇及以上行政机关任职，1=无 2=有	1.0941	0.2919	0.0592
		对周围人的信任度	1=非常不信任 2=比较不信任 3=一般 4=比较信任 5=非常信任	3.6667	0.6918	0.0383
	人力能力	家庭总劳动力	家庭劳动力规模（18~65岁未上学且身体健康）	2.7778	0.9348	0.0576
		户主受教育程度	1=文盲 2=小学 3=初中 4=高中 5=大专及以上	2.4615	1.0422	0.0500
		家庭人口总数	家庭总人口数量（单位：人）	4.5213	1.4239	0.0360
		家庭接受技能培训的机会	1=非常少 2=少 3=一般 4=多 5=非常多	2.7265	0.9574	0.0755
	金融能力	家庭存款	家庭存款总量（单位：万）	5.9854	5.3833	0.0857
		借款的难易程度	1=非常难 2=难 3=一般 4=容易 5=非常容易	3.2649	0.6458	0.0566
		贷款的难易程度	1=非常难 2=难 3=一般 4=容易 5=非常容易	3.19681	0.7159	0.0524
	认知能力	旅游政策的知晓度	1=非常不了解 2=不了解 3=一般 4=了解 5=非常了解	3.4529	0.7898	0.0420
		旅游发展机会的认知	对旅游发展带来的机遇认知 1=非常不认可 2=不认可 3=一般 4=认可 5=非常认可	3.8102	0.6272	0.0296
		对旅游开发的态度	1=非常反对 2=反对 3=一般 4=支持 5=非常支持	4.2051	0.5317	0.0294

（3）研究方法。

数据标准化及指标权重确定。

为确保数据量纲一致化，对问卷所获取数据进行标准化处理。采用极差标准化方法，对原数据进行处理。同时，运用熵值法计算农户生计适应性指标权重，计算结果见表 7-10。

$$正向指标：X_{ij}' = \frac{X_{ij} - \min(X_j)}{\max(X_j) - \min(X_j)} \tag{7.6}$$

$$负向指标：X_{ij}' = \frac{\max(X_j) - X_{ij}}{\max(X_j) - \min(X_j)} \tag{7.7}$$

式（7.6）和（7.7）中，X_{ij} 是第 i 个农户的 j 项指标原始值，$\max(X_{ij})$ 是第 j 项指标中最大值，$\min(X_{ij})$ 是第 j 项指标中最小值，X_{ij}' 为指标的标准化值。

农户生计适应性指数。

采用综合指数评估模型对农户生计适应性进行测量。通过计算农户生计适应性指数值，衡量乡村旅游对农户生计的影响状况。其计算模型如下：

$$A = \sum W_i X_i \tag{7.8}$$

式（7.8）中，A 为农户生计适应性指数（Adaptability Index），W_i 为第 i 项指标的权重值，X_i 为第 i 项指标的标准化值。

农户生计适应性提升的影响因素判断

为辨识影响农户生计适应能力提升的主要障碍因素及障碍程度，本研究引入指标偏离度（P_{ij}）、因子贡献度（G_j）和障碍度（I_j）来计算各项指标对乡村旅游地农户生计适应性的影响。障碍度模型计算过程如下：

$$P_{ij} = 1 - X_{ij}' \tag{7.9}$$

$$I_j = (G_j * P_{ij}) / \sum_i^n (G_j * P_{ij}) * 100\% \tag{7.10}$$

式（7.9）和（7.10）中，X_{ij} 为指标的标准化值，P_{ij} 为指标偏离度，即单项指标 j 与最优目标值之间的差距，G_j 为因子贡献率，即单项指标 j 对整体适应性的影响程度，一般用指标对应的权重表示，I_j 则为第 j 项指标对农户生计适应性的障碍程度。

7.4.3.4 结果与分析

（1）农户的适应行为划分。

农户对乡村旅游发展的适应以及所采取的谋生手段是农户生计的综合表现。在不同的家庭特征、区域特征等因素的驱使下,樱桃沟农户选择不同的生计模式和就业行为来适应乡村旅游的发展。调查发现,旅游的发展导致该村出现了因耕地等自然生计资源缺失而搬迁外地的少数现象,但大部分农户仍能够采取多种适应对策来适应外界的变化。同时,大多数农户并非采取旅游发展前的单一适应对策,而是能够有效采取多种对策来提高自身的整体生计适应能力。根据农户所采取的不同生计适应对策,将其归纳为"旅游生计型""兼营生计型""务工生计型"和"务农生计型"四种生计适应类型(见表7-11)。

"旅游生计型"是参与旅游程度最高的农户,即通过经营民宿、农家乐、旅游商店及旅游饭店等参与到乡村旅游业中,在旅游淡季时会就地务农或就近打零工;占样本量最少的一类是"兼营生计型",该类生计农户参与旅游的方式较为单一,主要是售卖水果或蔬菜,其他大部分时间从事务工/务农;占比为32.48%的"务工生计型"农户选择外出务工为生,并在工闲时回家务农;"务农生计型"农户选择兼顾从事农业与就近打工相结合。

表7-11 农户生计适应类型

生计适应类型	生计适应行为	样本数量	占比(%)
旅游生计型	参与旅游(经营民宿、农家乐、旅游商店、旅游饭店等),淡季务工/务农	27	23.08
兼营生计型	参与旅游(卖菜/卖水果),务农/务工	22	18.80
务工生计型	常年务工/务工为主,工闲务农	38	32.48
务农生计型	务农为主+打零工	30	25.64

(2)农户的适应能力分析。

农户较高的生计适应性能够帮助其抵御外部风险且有效地维持生计稳定。作为乡村经济可持续发展的替代手段之一,乡村旅游的发展正在逐渐改变着农户生计的适应情况和适应能力。农户生计适应性的高低主要通过自然能力、物质能力、社会能力、人才能力、金融能力及认知能力的综合作用展现出来。从整体来看,樱桃沟村农户的生计适应性指数具有较强的对称性,为0.4161,接近标准正态分布,且中位数接近箱体的中间,说明农户的适应能力较为均衡(见图7-8)。从六大维度适应能力来看,箱体最高的是农户的人力能力,最低的是自然能力，说明人力能力是农户生存和发展的基础资本，其总量的大小与质量决定着农户生存状态。由于樱桃沟地处山区，农户实际耕地有限且多为坡地，土地质量较差，加之旅游业发展带来的部分农户土地被占用，导致农户生计的自然能力最差。社会能力和认知能力的中位数更靠近下四分位，且社会能力的高离群值较多，呈正偏态分布，说明农户的社会能力和认知能力分布不均衡，大部分农户的社会能力和认知能力较低。作为乡村旅游的典型地区，樱桃沟村在旅游政策宣传过程中仅限参与到旅游中的农户会主动接受，旅游获利程度的不同也导致农户对旅游发展的态度存在差异。此外，由于樱桃沟村内部交通较差，村民小组之间距离较远，农户平时与周围人联系偏少，且村内担任村级以上公职人员的人数占极少数，大部分农户的社会网络有限，这就使得农户的认知能力和社会能力呈现出低位均衡化的态势。

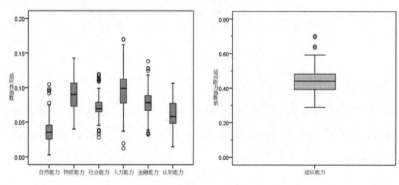

图7-8　农户生计适应性指数箱线图

不同类型农户的生计适应性在旅游发展的影响下存在一定的差异性。通过计算得出四种生计类型农户的适应性指数，旅游生计型农户生计适应能力最大，为0.4784。其次是务工生计型和兼营生计型，分别为0.4217和0.399。最后是务农生计型，为0.3654（见图7-9）。旅游生计型农户参与旅游的程度较高，该类农户房屋面积及劳动力规模随着接待游客数量的增加而不断改善，物质资源和人力资源存量最多，生计适应能力最强。据了解，务工型农户外出就业多数为亲戚朋友介绍，其社会能力较强，且工作收入大于务农型农户，其生计适应能力次之。旅游兼营型农户由于其参与旅游程度较低，仅限售卖水果/蔬菜给游客，家庭经济收入均低于旅游生计型和务工型农户。务农型农户始终以土地作为生存的最基础资源，而樱桃沟村较差的耕地、林果地面积及质量直接影响到了务农型农户最低的生计适应能力。

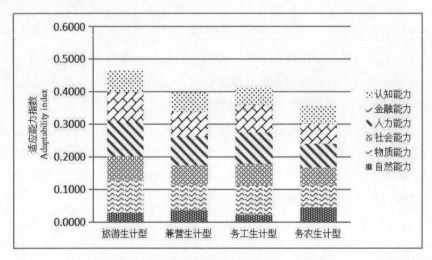

图7-9　不同类型农户生计适应性指数

（3）农户生计适应能力障碍因子辨识。

由于不同生计类型农户所处的生计环境各不相同，且农户自身的生计适应行为的组合状况不同，长期制约和限制农户生计适应性提高的因素也存在差异。将各指标层因子运用障碍度模型计算，得出不同类型农户的生计适应性障碍因子及障碍程度，且将位于前三的障碍因子视为主要障碍因子（见表7-12）。

①旅游生计型：家庭存款、家庭耐用品价值及家庭接受的培训机会是影响该类农户生计适应性提高的主要障碍因子。家庭存款和家庭耐用品价值直接影响着该类农户接待游客的规模及接待质量的高低，同时，家庭接受培训的机会又会影响着家庭整体劳动力素质的高低，当家庭接受培训机会多时，农户应对旅游发展带来的生计风险做出的生计选择越具合理性。

②兼营生计型：家庭人口数量、劳动力规模及林果地面积已成为阻碍该类农户生计适应性提高的关键因素。究其原因，该类农户和务农型农户家庭赡养的老人及小孩所占比重偏大，且劳动力规模和林果地面积的大小直接决定着家庭务农劳动力质量和售卖水果的情况，从而进一步影响着该类农户的家庭实际收入，制约着多方面综合适应行为的可能性。

③务工生计型：该类农户生计适应性的主要障碍因子有劳动力规模、户主受教育程度和社会网络。当劳动力总量较大时，农户就业的形式和结构越趋于多样化，且外出就业的可能性越大；户主受教育程度影响着家庭主要劳动力的素质，高学历农户往往有着较高的生计决策水平，能够更有效地配置生计资源；当农户家庭成员有从事国家公务员工作时，对农户外出工作有极大的引导作用。

④务农生计型：耕地面积、林果地面积和家庭人口数是影响该类农户生计适应性提高的主要障碍因子。

该类农户对农业种植的依赖性较高，耕地和林果地面积作为农业生产的主要影响因子，其实际面积的大小及质量的好坏对于该类农户的生计收入会造成重大影响，其生计适应行为也会受到影响。

表7-12　不同类型农户生计适应性障碍因子及障碍指数

生计适应类型	障碍度诊断	障碍因子排序					
旅游生计型	障碍度因子	家庭存款	家庭耐用品价值	家庭接受培训机会	房屋面积	社会网络	旅游政策知晓度
	障碍度指数	9.48%	7.66%	7.55%	7.20%	7.09%	6.83%
兼营生计型	障碍度因子	家庭人口总数	劳动力规模	林果地面积	家庭存款	耐用品价值	社会网络
	障碍度指数	8.44%	8.12%	7.92%	7.30%	7.09%	6.78%
务工生计型	障碍度因子	劳动力规模	户主受教育程度	社会网络	家庭存款	房屋面积	接受培训
	障碍度指数	10.38%	9.12%	8.09%	8.00%	7.86%	7.76%
务农生计型	障碍度因子	耕地面积	林果地面积	家庭人口数	家庭存款	劳动力规模	耐用品价值
	障碍度指数	8.70%	8.49%	8.14%	7.93%	6.72%	6.43%

（4）农户生计适应机制构建。

乡村是一种特殊的社会—生态系统，在旅游发展的背景下，农户需要调整自身的适应能力应对来自旅游发展带来的社会、经济、生态等各方面的压力和扰动。作为适应主体，农户生计适应能力的转变主要是对乡村旅游发展外部扰动的一种响应，而响应的结果却会成为下一阶段农户生计适应能力变化的驱动因素，因此对农户生计适应机制进行分析十分必要。

在乡村旅游的推动下，农户生计在面对旅游发展带来的政策帮扶、社会网络重构、生活水平提升以及生活环境改善等机遇的同时，也难以避免受到物价上涨、生态环境受损以及收入差距变大等挑战和风险。

系统外部的变化和农户自身的发展理性会促使处于系统内部主体地位的农户根据自身属性特征，对劳动力、资本等要素进行重新组合与配置，并采取适合的生计行为以改善生计适应能力，从而适应旅游发展带来的生计环境变化并争取获得更好的生计状态。樱桃沟村发展旅游后农户选择多样化的生计适应行为，出现了旅游生计型、兼营生计型、务工型及务农型新型农户。虽从整体上看樱桃沟村农户的生计适应能力有了明显改善，但由于受到旅游政策实施效果、产业单薄、明显的旅游淡旺季、农户参与旅游的方式单一以及农户自身学习能力等因素的限制，该地农户生计适应性仍存在较大提升空间（见图7-10）。

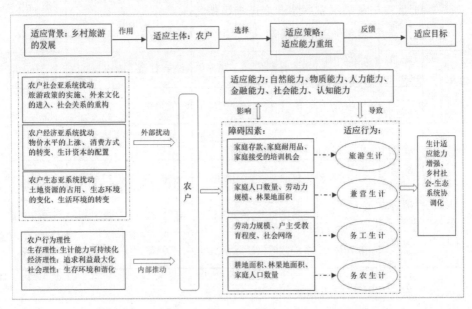

图7-10 乡村旅游地农户生计适应性演变机制

7.4.3.5 结论与讨论

（1）结论。

乡村旅游业的快速发展打破了农户所处的社会—生态系统的平衡与稳定，农户生计状况受到来自多方的影响和扰动。通过研究分析，本文得出以下结论。①在乡村旅游的影响下，樱桃沟村农户出现了不同类型的生计适应行为，形成了"旅游生计型""兼营生计型""务工生计型"和"务农生计型"四大类农户。该地农户的整体生计适应能力较均衡，且旅游发展后有明显改善，但自然能力、认知能力和社会能力仍处于劣势地位。②不同类型农户的生计适应能力存在显著差异。从整体生计适应力高低来看，依次为旅游生计型农户、务工生计型、兼营生计型和务农生计型。其中，旅游生计型农户除自然能力的适应状况较差外，其他方面的适应能力都优于其他生计类型农户。务农型农户的自然能力适应状况最好，但其他方面的适应能力较低，整体的生计适应状况较差。③不同类型农户生计适应能力的障碍因子存在差异。其中，劳动力规模、家庭存款、户主受教育程度及林果地面积等因素从不同程度上阻碍着樱桃沟村农户生计适应能力的提升。

（2）讨论。

①政策响应：完善农户参与机制，出台扶持农户自主创业、留村就业等相关政策，在农家乐经营、民宿管理、旅游饭店/商店运营等方面给予支持和引导。同时，切实落实旅游政策宣传和旅游相关的技术培训，丰富其培训形式，充分调动广大农户的参与积极性，做到培训到户、培训到人，从而不断提升农户的生计适应能力。

②产业响应：为丰富农户参与旅游的形式，提高其参与度，需要发展和壮大乡村旅游产业，在政府招商引资的帮助下，樱桃沟村应加大旅游景点、线路及特色农副产品的包装和开发力度，培育其乡村旅游的亮点，形成完整的产业链。

③意识响应：作为适应的主体，农户生计能力的提升需要农户自身做出努力。农户应更新观念，坚持自身发展与环境保护相一致，主动寻找就业渠道，积极参加技术培训，增强自身的生计适应能力。

适应性评价为农户生计研究提供了一个新视角。本书将适应能力研究与农户可持续生计相结合，是从农户微观尺度研究适应性的新尝试，不仅丰富了可持续生计框架和乡村旅游影响的相关内容，同时可以为协调乡村旅游社会—生态系统、提升旅游地农户生计适应能力提供现实指导。但由于构建农户生计适应性指标体系时，主要是从农户生计资本维度出发，尚未涉及生计资本以外的其他因素。因此，后续研究中应重点关注多重因素对农户生计适应性的影响、跨地区不同案例地的农户生计适应性以及农户生计适应性与乡村旅游地恢复力的关系等领域。

第8章 湖北省乡村旅游
与乡村振兴路径及政策优化

  乡村是具有自然、社会、经济特征的地域综合体，与城镇互促互进、共生共存，共同构成人类活动的主要空间。我国人民日益增长的美好生活需要和不平衡不充分的发展之间的矛盾在乡村尤为突出，全面建成小康社会和全面建设社会主义现代化强国，最艰巨最繁重的任务也在农村。乡村旅游以具有乡村性的自然和人文客体为旅游吸引物，依托农村区域的优美景观、自然环境、建筑和文化等资源，在传统农村休闲游和农业体验游的基础上，兴办旅游经济实体，使旅游业形成区域支柱产业，实现贫困地区居民和地方财政双脱贫致富。可以说，乡村旅游作为连接城市和乡村的纽带，促进着社会资源和文明成果在城乡之间的共享以及财富重新分配的实现，为地区间经济发展差异和城乡差别的逐步缩小、产业结构优化等做出巨大贡献，并推动着欠发达、开发不足的乡村地区经济、社会、环境和文化的可持续发展。乡村旅游正逐渐成为新时代推动乡村振兴战略深入开展的重要举措，对于加快打赢脱贫攻坚战、实现乡村振兴战略及城乡统筹发展具有重大现实意义和深远历史意义。

  自1989年"中国农民旅游业协会"更名为"中国乡村旅游协会"，我国乡村旅游的发展正式拉开序幕，我国乡村旅游政策先后经历了政策依附阶段的扩大内需、政策起步阶段的提高农民经济收入、政策细化阶段的"十一五"时期发展农村经济、"十二五"时期改善农村人居环境、"十三五"时期乡村经济社会生态协调发展的变迁轨迹。30年间，因各阶段独特的社会背景及条件差异，其政策取向各有侧重，但放眼未来，所有政策的实施皆是为了推动我国城乡统筹发展、最终满足人民对美好生活的向往，实现乡村的全面振兴。在此大背景下，湖北省逐步形成了以全域旅游县（区、市）为依托、旅游村镇为支撑、现代特色农庄和农家乐为主体、旅游民宿初显繁荣、乡村休闲主题酒店零星分布的乡村旅游发展格局。

然而，随着我国乡村振兴战略的实施进入深耕期，乡村旅游作为其有力举措走向高质量转型发展已成历史必然。在中国特色社会主义背景下，需要从战略高位审视，把好顶层设计关，加强政策优化研究，为乡村旅游持续助推我国乡村振兴发展保驾护航。因此，本章从政府、企业和农户三个主体层面提出湖北省乡村旅游与乡村振兴的路径与政策优化。

8.1 政府层面

8.1.1 政府主导，科学规划，合理布局

受乡村土地分散、小规模经营的弊病的制约，目前湖北省乡村旅游存在集中连片区域较少、规模效益不明显、组织化水平不高等问题，并且在湖北省乡村旅游开发和经营中普遍存在各自为政的现象，资源与资金没有发挥有效合力。个体开发商在对乡村旅游开发中存在较大的盲目性，仅凭借对乡村旅游文化狭义和片面的理解着手乡村旅游资源的开发，过分追求眼前经济利益，而忽视了乡土文化、乡村民俗等文化内涵以及对农村其他资源的整合开发与利用，导致湖北省乡村旅游产品比较单一，产品深层次开发不够，经营者品牌意识淡薄等问题，从而进一步出现某些地区乡村旅游地产业经济结构不健全、生命周期较短、对地区政府经济贡献较小等一系列问题。

在对乡村旅游地的开发过程中，应由政府主导牵头，由有资质的规划公司进行科学统筹规划，对乡村资源进行合理布局。充分考虑、整合乡村地区的各类旅游资源，结合各地的自然环境、经济、资源等状况，制定短期、中期、长期的发展计划，有效引导和控制当地旅游产业发展，使其合理布局化。同时，政府应做到"多规合一"，处理好乡村旅游规划与城乡规划、土地规划、农业规划等之间协调与对接，解决现有各类规划各自为政、缺乏衔接、彼此冲突等问题，做到科学调整产业结构、有效配置土地资源、合理优化空间布局、提升政府在乡村旅游开发中的宏观管控水平和顶层治理能力。从而尽可能合理地规避风险，逐步实现地区乡村旅游及乡村振兴战略的耦合协调发展。

8.1.2 加强区域协作，打造全国知名乡村旅游地

乡村旅游资源是乡村旅游业发展的根本。湖北省地处长江中游，气候四季

分明，温暖湿润，乡村旅游资源十分丰富、发展基础较为雄厚。其中乡村观光、度假和文化类旅游资源比重大，温泉养生、漂流运动类型资源较多，观光花园、茶园、果园、农家乐等资源十分丰富。并且湖北省乡村旅游水域产品丰富、花卉资源各具特色、乡村民俗节庆繁多。目前，湖北省乡村旅游资源分布及地理空间特征呈现"一带六片区"的格局，即：武汉都市农业片区、宜昌桔都茶乡片区、恩施民族风情片区、鄂东四赏花季花木片区、鄂西北山地生态旅游片区、江汉平原水乡田园片区和长江乡村旅游带，各区乡村旅游产品资源特色各有不同。

可据此现实背景，通过长江水道、交通廊道的串联，加强各区域乡村旅游资源以及产品的互补与合作。结合各地特有的资源优势，以及地方特色或民风民俗进行有秩序竞争性的乡村旅游产品市场开发，根据不同层次的需求使湖北省乡村旅游产品体系化。其次，打造湖北省乡村旅游知名品牌。根据市场化发展趋势，要发挥乡村资源比较优势，实行差异化发展。加大政府的政策扶持力度，构建一批以大型企业为依托的乡村旅游知名品牌，不断提高湖北省乡村旅游的知名影响力，把品牌优势转化为市场优势和经济优势。将湖北省建成全国知名的乡村旅游目的地，进一步推动湖北省乡村旅游以及乡村振兴的可持续发展。

8.1.3 加大资金投入，完善基础设施建设

湖北省各乡村旅游地的基础设施建设已有一定的成效，但很多地方仍存在基础设施落实不到位、基础设施缺乏管理、后期维护不到位等现象，这直接导致当地基础设施使用率低、寿命期限缩短、设施更新换代成本高、资源浪费等一系列问题。乡村是具有自然、社会、经济特征的地域综合体，兼具生产、生活、生态、文化等多重功能，乡村旅游的良性发展以及乡村振兴战略的开展，离不开基础设施的建设。

因此，湖北省各乡村旅游地在开发之初应从全域旅游的角度出发，全面统筹制定乡村旅游地的基础设施规划，构建更加明确的基础设施服务体系。因地制宜地建设体现自身村庄特色的基础设施，使其能够与村庄的发展需求相匹配。同时，贫困落后地区更应加大基础设施的投入，完善贫困落后地区道路网络、交通标识、水、电、通信等基础设施的建设。此外，各乡村旅游地更应当注重基础设施的维修与保护，以延长基础设施使用年限。从而促进地区乡村旅

游的发展和构建生态宜居的社会主义新农村，为乡村旅游扶贫、乡村振兴事业打好基础。

8.1.4 注重生态环境保护，走乡村绿色发展之路

湖北省有26个国家级贫困县（市）列入国家集中连片特困地区，这些贫困县主要分布在秦巴山、武陵山、大别山、幕阜山等山地地区。这些贫困县乡村旅游资源丰富，环境优美，乡村商品及民俗文化富有特色，是全省乡村旅游发展的重点区域。从资源分布的角度，贫困县与乡村旅游资源分布具有较好的空间耦合性，这是实施乡村旅游扶贫战略的先决条件。但这些贫困县往往是洪涝、干旱、泥石流、森林火灾等自然灾害频发的地区，存在生态环境脆弱、环境承载能力不足、生态保护任务繁重以及旅游开发与保护矛盾突出等现实问题。因此，在借助乡村旅游实施旅游扶贫战略，助推贫困地区乡村振兴事业发展的同时，政府需出台有关政策规定，划定生态红线，树立生态环境保护意识。在进行旅游开发过程中要尽可能地减少对当地旅游资源、生态环境的破坏。绿水青山，就是金山银山，即要注重旅游开发的环境效益。同时，在旅游高峰期时，应当注意控制游客人数不能超过当地的环境容量，减少外界游客对本土旅游资源和生态环境的破坏。在乡村旅游的开发和经营中，必须坚持人与自然和谐共生，走乡村绿色发展之路，从而保证区域内乡村旅游事业发挥长效的可持续减贫作用。

8.2 企业层面

8.2.1 探索产业融合新模式，促进乡村旅游高质量发展

探索产业融合新模式，促进乡村旅游向高质量发展，增强自身竞争力，顺应时代发展趋势，是保证湖北省各乡村旅游地可持续良性发展的必经之路。湖北省乡村旅游资源十分丰富，其中以观光花园、茶园、果园为代表的乡村观光、度假和文化类旅游资源所占比重较大，乡村旅游度假地也主要以农家乐、农业休闲园为主。然而，湖北省乡村旅游的经济产业发展主要以第一产业为主，其产业融合还处于旅游产业与农业产业、文化产业、商贸产业等对接、嵌入的初级阶段，绝大多数乡村旅游地未形成合理的产业结构。各产业之间的发展不平衡，导致产业间不能很好地发挥良好的产业联动效果，从而导致产业链

短、农产品附加值低、资源浪费严重、特色农产品形象不够优良等问题。

实现乡村振兴，产业兴旺是基础。因此，湖北省各乡村旅游地应注重提高第一、二、三产业的融合发展，发挥产业联动效应。引入企业进行统一的规划，将企业同村庄发展联合管理，实现有质量保证的产业融合，完成高效的品牌打造，走质量兴农之路。同时，通过发展农产品加工业来促进农产品种植业的发展，实现以工带农，延长产业链，继而打造特色产业园区，以特色产业吸引外来游客来发展第三产业旅游业，实现以旅助农，从而实现三大产业深度融合。其次，湖北省各乡村旅游地要将"工业化"管理理念引入农业生产，在农业中提高机械化装备的投入，采用种养结合的模式使其规模化。实现集约化生产的同时实施"互联网＋农业"的战略，使农产品将会逐步向商业化转变，在促进乡村旅游地农业蓬勃发展的同时，多渠道增加农民收入，带动当地农民脱贫致富。最后，湖北省各乡村旅游地应加快农业生产方式转型升级，不断优化农业产业结构，加强科技创新引领作用，发展培育品牌农业、智慧农业、生态旅游农业等特色高效农业，深化农业供给侧结构性改革，进一步有效促进农业增效和农民增收，持续助力乡村振兴。

8.2.2 大力发展"乡村旅游+一村一品产业+电商"的可持续减贫模式

通过对农业农村部2011—2018年评选出的湖北省111个"一村一品示范村镇"的特征进行分析，笔者发现湖北省"一村一品示范村镇"在空间分布上呈显著的"单一中心集聚"格局，且多数示范村镇周边地域拥有丰富的旅游名村、名镇等特色乡村旅游资源与品牌。在当前各级政府对乡村旅游大力推动的背景下，二者之间很容易在相互共生的基础上，形成农旅融合互动发展态势。但一半以上的示范村镇地处远离城市中心的偏僻乡镇，其可进入性较差。通达性较差的交通条件制约着区域内农特产品顺利流向市场，影响着当地"一村一品"产业的发展，制约着该区域"一村一品"产业对助农扶贫的持续减贫效果以及对乡村振兴事业发挥的积极效应。

在当前乡村振兴和精准扶贫的背景下，湖北省乡村旅游可以探索区域内乡村旅游资源与"一村一品"特色村镇、特色产品统筹开发与发展的农旅融合发展路径。形成"乡村旅游+一村一品产业+电商"的可持续减贫模式，实施"农旅一体化"发展。此"乡村旅游+一村一品产业产业+电商"的可持续减贫模式将乡村旅游业、一村一品特色产业、互联网充分融合，依托区域内的旅游名镇、旅游名村等现存的乡村旅游资源与基础设施建设，充分挖掘利用当地一村一品产业在农产品育种、灌溉、培育、采摘等环节过程中的特色农业资源优势，融合当地乡村原有的生态自然风光、特有的农耕文化和民俗风情，开发亲身耕作、采摘、观赏、科普等类型的休闲体验型乡村旅游产品。保留乡村原有的文化韵味、生产生活方式与淳朴的民风，建设一村一品牌的美丽乡村。此模式在丰富游客乡村旅游体验、扩大当地一村一品产业知名度的同时，能有效借助互联网平台和各种电子交易方式，实现农产品电商与乡村旅游业的互相引流。在进入到脱贫攻坚后期阶段，其产业扶贫所发挥的减贫作用和减贫效果越发明显。因此将乡村旅游和产业扶贫结合起来的"乡村旅游+一村一品产业+电商"可持续减贫模式，必将能在我国脱贫攻坚事业、乡村振兴战略及可持续减贫目标上发挥出"1+1>2"的减贫效果。

8.2.3 引进专业管理人才，培养新型农民旅游人才

湖北省绝大多数乡村旅游地的开发和运营尚处于中低层次，在实际的乡村旅游操作中，多数乡村旅游区的管理人员由村干部兼任或由当地农民担任。乡村旅游管理人员和从业人员素质普遍较低，从事乡村旅游地的专业管理人员较少，对乡村旅游从业人员也缺乏系统有效的培训。乡村旅游的迅速发展与低素质乡村旅游经营管理人员和从业人员相矛盾，从而导致湖北省乡村旅游在粗放经营中逐渐陷入轻管理、低质量、低收入的恶性循环，严重制约着其乡村旅游业的发展，违背了乡村振兴战略中让农村成为安居乐业美丽家园的目标。

乡村旅游项目的开发和规划、乡村振兴事业的建设都离不开专业管理人才的贡献。因此，湖北省需要加大人才引进力度，吸引外地及本土人才回乡创业、就业，参与本土乡村振兴事业的发展。其次，湖北省应建立一批乡村旅游人才培训基地，并选取乡村旅游管理者及从业者进行相关旅游知识、管理技能培训，不断提高乡村旅游地管理人才的管理水平及乡村旅游从业者的综合素质。最后，湖北省政府应健全新型农民旅游人才培养制度，提高本土农民的文化知识水平和旅游管理专业技能，提升基层乡村旅游从业者的基本素质涵养，培育新一代农民出身的乡村旅游管理人才，建设乡风文明、治理有效的社会主义新农村。

8.3 农户层面

8.3.1 多方式多渠道鼓励农户参与乡村旅游

农民是保持乡村活化状态的唯一主体，去农户化的乡村旅游注定是一潭死水。发展乡村旅游，必须懂得农户的价值以及农户对乡村的价值，让农民分享发展成果的同时，也成为财富的创造者。只有这样，乡村才有活力和生命力，乡村旅游和乡村振兴才能可持续发展。然而，我国乡村旅游主要是由政府推动，采取的是一种自上而下的方式，其间忽略了农户的自主性和意见。可以说，由于湖北省乡村旅游地大部分地区的农户自身条件、观念意识水平等局限，加之部分地区旅游规划的不合理，存在服务内容大同小异、缺乏足够资金和专业人才、农户参与方式单一，甚至存在少部分农户对乡村旅游具有抵触心理等情况。

因而，在湖北省乡村旅游的发展中，政府要有序引导已开展经营的农户采取多元化的经营手段。鼓励更多的农户参与乡村旅游，并为农户提供资金支持和政策扶持。其次，政府要完善乡村的金融服务、土地承包和收益分配制度，引导多元化的民间资本投入，鼓励当地农户多渠道参与到本地的乡村旅游发展中。最后，引导农户提高对互联网新型销售模式的认识，加强对网络营销、电商运营、直播带货等新型销售模式的学习及培训，引进专业指导老师对农户进行全程的技术指导及帮扶。并且鼓励参与乡村旅游的农户起到带头示范作用，以亲身经历来带动更多人来参与进来，从而进一步激发农户参与乡村旅游的意愿。只有当农户深深的与当地乡村旅游发展联系起来时，农户的干劲才能越来越大，乡村才更具有活力和持久生命力，乡村旅游的发展和乡村的振兴事业才能越来越兴旺。

8.3.2 积极参加教育与培训，提高自身综合素质

湖北省乡村旅游地存在部分农户较关注眼前短期经济效益，在旅游地中贩卖以次充好的农特产品，部分地区甚至出现"天价药材"等欺客宰客的现象，导致游客不愿意在乡村消费，甚至不愿意到乡村去旅游。长此以往导致乡村旅游地客源流失严重、乡村旅游品牌形象受损，进而导致有些地区乡村旅游扶贫效益减弱。贫困居民作为乡村旅游扶贫政策的直接受众，农户的综合素质较低也影响着相关乡村旅游扶贫政策对贫困人口的减贫成效。农户是农村的灵魂，

无论是生产、生活、生态，还是文化与教化，乡村功能的发挥无一例外都离不开农户的存在和农民的现实生活，农村美最直接的体现就是农民美。因此，湖北省乡村旅游的良性发展和乡村振兴事业的实施需要高素质的新农民。

湖北省各乡村旅游地的农户应积极参加有关思想教育交流会和职业技能培训。比如，第一，定期参加政府开展的乡村旅游相关扶贫政策的宣讲，充分了解本地的旅游资源、发展前景，以及当前对农民的有利形势和友好政策，从而激发当地农户参与到当地乡村旅游中创造财富的积极性。第二，定期参加政府开展的提升农户职业技能与思想素质的交流会，不断改进与完善产品质量以跟上现行市场的需求，提高当地农产品的市场竞争力。提升农户自身的基本综合素质能让农户更好地融入该地乡村旅游的特色"农味"中去，维护巩固当地乡村旅游品牌形象，使当地乡村旅游持续发展并长效发挥带贫减贫作用。第三，参与当地乡村旅游经营的农户应积极参加政府组织的"能人"经验分享会，学习该区域优秀"能人"们的经营理念、经营方法、销售手段、销售技能等，拓宽农户的知识面，不断提升其自身的"造血能力"和可持续发展能力，减少其对当地政府及政策的依赖，从而真正依靠乡村旅游实现自我的脱贫和可持续减贫，逐步建成乡风文明、生活富裕的社会主义新农村，为乡村振兴助力。

参考文献

[1]何仁伟.城乡融合与乡村振兴:理论探讨、机理阐释与实现路径[J].地理研究,2018,37(11):2127-2140.

[2]陆林,任以胜,朱道才等.乡村旅游引导乡村振兴的研究框架与展望[J].地理研究,2019,38(01):102-118.

[3]孙九霞,黄凯洁,王学基.基于地方实践的旅游发展与乡村振兴:逻辑与案例[J].旅游学刊,2020,35(03):39-49.

[4]胡柳.乡村旅游精准扶贫研究[D].武汉大学,2016.

[5]张德平.乡村旅游与区域经济耦合发展研究[J].旅游纵览(下半月),2019,(09):169-170,173.

[6]康影.国内外乡村旅游经典案例[J].当代旅游,2020,18(07):10-11.

[7]曹世武.国内外旅游扶贫研究回顾与展望[J].农业展望,2016,12(02):31-34.

[8]谭卫宁.参与式农村(PRA)的应用——以广西木论国家级自然保护区GEF为例[J].林业调查设计,2009(6).

[9]杨国安.可持续研究方法国际进展———脆弱性分析与可持续生计方法比较[10].地理科学进展,2003,22(1):6-12.

[11]王宁.代表性还是典型性——个案的属性与个案研究方法的逻辑基础[J].社会学研究,2002(5):123-125.

[12]李会琴,王林,宋慧冰,熊剑平.湖北省乡村旅游资源分类与评价研究[J].国土资源科技管理,2016,33(05):26-31.

[13]严丽,程丛喜,刘保丽.基于扶贫开发视角的特色乡村旅游发展策略研究——以湖北省为例[J].武汉轻工大学学报,2015,34(04):92-96.

[14]金媛媛,王淑芳.乡村振兴战略背景下生态旅游产业与健康产业的融合发展研究[J].生态经济,2020,36(01):138-143.

[15]刘玲,舒伯阳,马应心.可持续生计分析框架在乡村旅游研究中的改进与应用[J].东岳论丛,2019,40(12):127-137.

[16] 陈芳.湖北省乡村旅游资源开发评价模型与产业发展模式探析[J].中国农业资源与区划,2016,37(05):232-236.

[17] 董丽丽.湖北省乡村旅游的区域差异分析[D].华中师范大学,2011.

[18] 孙晗霖,刘新智,张鹏瑶.贫困地区精准脱贫户生计可持续及其动态风险研究[J].中国人口·资源与环境,2019,29(02):145-155.

[19] 张乐,蔡婷婷.国内外旅游扶贫实践比较及启示[J].中国包装,2017,37(07):83-89.

[20] 杨娜.国内外旅游精准扶贫探索与实践[J].农村经济与科技,2016,27(14):81-82.

[21] 李会琴,侯林春,杨树旺,等.国外旅游扶贫研究进展[J].人文地理,2015,30(01):26-32.

[22] 黄华芝,廖茂,吴信值.国内外旅游扶贫研究述评[J].兴义民族师范学院学报,2014,(04):5-8.

[23] 朱姝.中国乡村旅游发展研究[M].北京:中国经济出版社,2009.

[24] 王婉飞.浙江乡村旅游发展与创新[M].北京:北京大学出版社,2008.

[25] 朱伟.乡村旅游理论与实践[M].北京:中国农业科学技,2014,12:57-60.

[26] 肖佑兴,明庆忠,李松志.论乡村旅游的概念和类型[J].旅游科学,2001(11):38-40.

[27] 何景明,李立华.关于"乡村旅游"概念的探讨[J].西南师范大学学报,2002,28(5):25-28.

[28] 杨振之.城乡统筹下农业产业与乡村旅游的融合发展[J].旅游学刊,2011,26(10):10-11.

[29] 易金.乡村旅游资源评价与产品开发研究[D].山东:山东大学,2007:4-16.

[30] 张健,董丽媛,华国梅.我国乡村旅游资源评价研究综述[J].中国农业资源与区划,2017,38(10):19-24.

[31] 刘德谦.关于乡村旅游、农业旅游与民俗旅游的几点辨析[J].旅游学刊,2006(3):12－19.

[32] 李会琴,王林,宋慧冰,熊剑平.湖北省乡村旅游资源分类与评价研究[J].国土资源科技管理,2016,33(5):26-31.

［33］胡粉宁,丁华,郭威.陕西省乡村旅游资源分类体系与评价[J].生态经济（学术版）,2012（1）: 217-220.

［34］于霞.乡村旅游资源评价指标体系研究[J].四川旅游学院学报,2016,（5）: 51-53.

［35］吕万琪.武汉市蔡甸区乡村旅游资源评价及开发对策研究[D].武汉:华中师范大学,2016.

［36］王琼英,冯学钢.乡村旅游研究综述[J].北京第二外国语学院学报,2006(1):115 - 120.

［37］孙波.源泉镇乡村旅游资源可持续发展综合评价[D].山东理工大学,2019.

［38］张橙.全域旅游视角下汉中旅游资源特征与开发研究[D].西安科技大学,2019.

［39］行云珩.衡阳市乡村旅游开发适宜性评价及发展模式研究[D].南华大学,2019.

［40］吴鸿燕.哈尔滨市乡村旅游资源评价与开发研究[D].东北林业大学,2017.

［41］汪杨伟.乡村旅游资源评价与开发研究[D].四川农业大学,2013.

［42］叶初升,王红霞.多维度贫困及其度量研究的最新进展:问题和方法[J].湖北经济学院学报,2010(6).

［43］王小林.贫困测量:理论与方法[M].2版.北京:社会科学文献出版社,2017.

［44］周瑾艳.为什么改变撒哈拉以南非洲贫困状态的努力几乎全部失败[J].科学通报,2018,63(7):606-610.

［45］王小林,Alkire Sabina.中国多维贫困测量:估计和政策含义.中国农村经济,2009(12): 4-10.

［46］何仁伟,李光勤,刘运伟,等.基于可持续生计的精准扶贫分析方法及应用研究:以四川凉山彝族自治州为例[J].地理科学进展,2017,36(2):182-192.

［47］谭俊峰.嵌入式治理:推进武陵山区基层社会治理现代化的新视角[J].湖北民族学院学报(哲学社会科学版),2017(4):118-124.

[48] 兰建平,苗文斌.嵌入性理论研究综述[J].技术经济,2009(1):104-108.

[49] 杨玉波,李备友,李守伟.嵌入性理论研究综述:基于普遍联系的视角[J].山东社会科学,2014(3):172-176.

[50] 宋良言.贫困居民对旅游扶贫的感知及参与行为研究[D].湖北大学,2017.

[51] 程名望,张帅,史清华.农户贫困及其决定因素——基于精准扶贫视角的实证分析[J].公共管理学报,2018,15(01):135-146,159-160.

[52] 王超.大别山片区旅游精准扶贫:参与机制与模式构建[D].河南大学,2018.

[53] 王晨光.集体化乡村旅游发展模式对乡村振兴战略的影响与启示[J].山东社会科学,2018(5):34-42.

[54] 王兵.从中外乡村旅游的现状对比看我国乡村旅游的未来[J].旅游学刊,1999(2):38-42.

[55] 李宪宝,张思蒙.我国乡村旅游及其发展模式分析[J].青岛科技大学学报(社会科学版),2018(1):49-59,64.

[56] 姚蔚蔚,尹启华.我国乡村旅游存在的问题及发展策略[J].农业经济,2018(1):59-61.

[57] 李红波,张小林.乡村性研究综述与展望[J].人文地理,2015(1):16-20.

[58] 张欢欢.乡村振兴战略下河南省乡村旅游扶贫转型升级研究[J].信阳农林学院学报,2019,29(04):51-53.

[59] 胡锡茹.云南旅游扶贫的三种模式[J].经济问题探索,2003(05):109-111.

[60] 郭青霞.旅游扶贫开发中存在的问题及对策[J].经济地理,2003,23(4).

[61] 梁明珠.生态旅游与"三农"利益保障机制探讨[J].旅游学刊,2004(06):69-72.

[62] 吴铮争,杨新军.论西部旅游扶贫与生态环境建设[J].干旱区资源与环境,2004(01):31-35.

[63] 丁焕峰.农村贫困社区参与旅游发展与旅游扶贫[J].农村经济,2006

(09):49-52.

[64]黄向前.积极探索山区旅游扶贫新路径——以恩施大峡谷风景区管理处为例[J].中国经贸导刊,2018(33):54-56.

[65]湖北旅游扶贫观察:四大模式助力我省乡村振兴[N/OL].https://www.sohu.com/a/270052363_106321.

[66]湖北省杜堂村:"结合""融合"创新发展 实现乡村繁荣兴旺,三农,来源:央视网[N/OL].2020-05-07.http://sannong.cctv.com/2020/05/07/ARTIe5eF5jt0nkF-WKrzEeQlf200507.shtml.

[67]叶俊.大别山试验区旅游扶贫效应评估——以麻城龟峰山风景区为例[J].湖北农业科学,2014(13):3187-3190.

[68]张军,蒋黄蓁苑,时朋飞.美丽乡村视域下的旅游扶贫模式与效应研究——以湖北省十堰市张湾区为例[J].湖北社会科学,2017(06):60,68+115.

[69]凌丽君.茶乡生态旅游精准扶贫模式研究[J].福建茶叶,2018,40(03):121.

[70]郭清霞.旅游扶贫PPT战略及其特征——以湖北省为例[J].湖北大学学报(哲学社会科学版),2003(05):110-113.

[71]张伟,张建春,魏鸿雁.基于贫困人口发展的旅游扶贫效应评估——以安徽省铜锣寨风景区为例[J].旅游学刊,2005(5):43-49.

[72]汪侠,甄峰,沈丽珍,等.基于贫困居民视角的旅游扶贫满意度评价[J].地理研究,2017,36(12):2355-2368.

[73]冯伟林,陶聪冲.西南民族地区旅游扶贫绩效评价研究——以重庆武陵山片区为调查对象[J].中国农业资源与区划,2017,38(6):157-163.

[74]徐宝贵.要正确分析效率与效能的关系[J]组织人事学研究,1994(3):48.

[75]曾文蛟.从效率和公平的角度看我国农村扶贫政策的发展[J].武汉学刊,2007(02):25-27.

[76]尚清芳.基于决策者偏好的乡村旅游扶贫效率研究——以秦巴山区陇南市为例[J].山西经济管理干部学院学报,2020,28(01):41-47.

[77]高雪莲,丁文广.甘肃陇东南地区旅游扶贫效率的实证分析[J].北京邮

电大学学报(社会科学版),2017,19(03):85-92.

[78]李亚楠.广西各市旅游扶贫效率评价研究——基于DEA模型[J].现代商贸工业,2016,37(23):19-20.

[79]黎巧荣,杨效忠.基于DEA模型的安徽省大别山贫困片区旅游扶贫效率[J].皖西学院学报,2017,33(02):119-124.

[80]龙祖坤,杜倩文,周婷.武陵山区旅游扶贫效率的时间演进与空间分异[J].经济地理,2015,35(10):210-217.

[81]李烨.中国乡村旅游业扶贫效率研究[J].农村经济,2017(05):72-78.

[82]曹妍雪,马蓝.基于三阶段DEA的我国民族地区旅游扶贫效率评价[J].华东经济管理,2017,31(09):91-97.

[83]黎巧荣,杨效忠.基于DEA模型的安徽省大别山贫困片区旅游扶贫效率[J].皖西学院学报,2017,33(02):119-124.

[84]李光明,马磊.旅游精准扶贫效率测度及空间分异研究——以新疆阿勒泰地区为例[J].新疆社科论坛,2016(05):22-28+43.

[85]丁煜,李啸虎.基于DEA和Malmquist指数的旅游扶贫效率评价研究——以新疆和田地区为例[J].新疆财经大学学报,2017(04):56-65.

[86]魏权龄.评价相对有效性的DEA方法——运筹学的新领域[M].北京:中国人民大学出版社,1988:1-8.

[87]韦浩华,高岚.基于DEA模型的农户林地经营效率分析——来自广东和江西的调研据[J].中南林业科技大学学报(社会科学版),2016,10(1):88-93.

[88]韦敬楠,张立中.基于DEA方法的广西林业投入产出效率分析[J].中南林业科技大学学报(社会科学版),2016,10(3):55-60.

[89]杨斌.2000—2006年中国区域生态效率研究——基于DEA方法的实证分析[J].经济地理,2009(7):1197-1202.

[90]曹芳东,黄震方,徐敏,等.风景名胜区旅游效率及其分解效率的时空格局与影响因素:基于Bootstrap-DEA模型的分析方法[J].地理研究,2015,34(12):2395-2408.

[91]冯伟林,陶聪冲.西南民族地区旅游扶贫绩效评价研究——以重庆武陵山片区为调查对象[J].中国农业资源与区划,2017,38(6):157-163.

[92]杨燕霞.旅游开发对社区社会文化影响研究[D].兰州:兰州大学,2008.

[93]苏芳,徐中民,尚海洋.可持续生计分析研究综述[J].地球科学进展,2009,24(01):61-69.

[94]肖琼.地震灾后四川民族旅游村寨农户可持续生计研究[J].中国经贸导刊,2009(15):42.

[95]韩自强,巴战龙,辛瑞萍,等.基于可持续生计的农村家庭灾后恢复研究[J].中国人口资源与环境,2016,26(04):158-167.

[96]吴孔森,杨新军,尹莎.环境变化影响下农户生计选择与可持续性研究——以民勤绿洲社区为例[J].经济地理,2016,36(09):141-149.

[97]史俊宏,赵立娟.生计转型背景下生态移民生计脆弱性及其可持续生计途径[J].中国管理信息化,2012(15):46-48.

[98]陈佳,杨新军,王子侨,等.乡村旅游社会—生态系统脆弱性及影响机理——基于秦岭景区农户调查数据的分析[J].旅游学刊,2015,30(03):64-75.

[99]蔡晶晶,吴希.社会—生态系统脆弱性视角下乡村旅游对贫困农户生计的影响——以福建省永春县北溪村为例[J].台湾农业探索,2018(02):9-17.

[100]吴吉林,刘水良,周春山.乡村旅游发展背景下传统村落农户适应性研究——以张家界4个村为例[J].经济地理,2017(12):232-240.

[101]阿依古丽艾力.少数民族旅游社区居民生计资本与生计策略关系研究[D].乌鲁木齐:新疆农业大学,2015.

[102]王新歌,席建超.大连金石滩旅游度假区当地居民生计转型研究[J].资源科学,2015(12):2404-2413.

[103]尚前浪.民族地区乡村旅游发展对农户生计模式影响研究.中国管理信息化,2015(23):220-222.

[104]席建超,张楠.乡村旅游聚落农户生计模式演化研究—野三坡旅游区苟各庄村案例实证[J].旅游学刊,2016(07):65-75.

[105]史玉丁,李建军.乡村旅游多功能发展与农村可持续生计协同研究[J].旅游学刊,2018,33(02):15-26.

[106]刘玲.乡村旅游发展框架下农户生计策略影响因素分析——以河南省西河村为例[J].资源开发与市场,2018(05):725-728.

[107]赵雪雁.生计资本对农牧民生活满意度的影响——以甘南高原为例[J].地理研究.2011 2011-04-15(04):687-98.

[108]蔡银莺,朱兰兰.生计资产差异对农民生活满意度的影响分析——以成都市双流县和崇州市为例[J].华中农业大学学报(社会科学版),2015(01):30-38.

[109]陈坚.易地扶贫搬迁政策执行困境及对策——基于政策执行过程视角[J].探索,2017(4):153-158.

[110]王宏新,付甜,张文杰.中国易地扶贫搬迁政策的演进特征——基于政策文本量化分析[J].国家行政学院学报,2017(3):48-53.

[111]周恩宇,卯丹.易地扶贫搬迁的实践及其后果——一项社会文化转型视角的分析[J].中国农业大学学报(社会科学版),2017(2):69-77.

[112]殷浩栋,王瑜,汪三贵.易地扶贫搬迁户的识别:多维贫困测度及分解[J].中国人口资源与环境,2017(11):106-116。

[113]李宇军,张继焦.易地扶贫搬迁必须发挥受扶主体的能动性——基于贵州黔西南州的调查及思考[J].中南民族大学学报(人文社会科学版),2017(5):156-159.

[114]赵敏,章纪新等.DEA评价模型在库区移民经济评价中的应用[J].水利经济,2000:41-44.

[115]俞科,余文学.基于AHP-熵权法的水库移民安置效果评价[J].水利经济,2013,31(3):65-68.

[116]盖志毅,李媛媛,等.少数民族地区扶贫移民微观效益评价分析[J].统计与决策,2014(24):111-115.

[117]李胜连,李雨康,等.基于改进熵值法的宁夏生态移民发展能力评价[J].决策参考,2016:65-67.

[118]陈胜东,蔡静远,廖文梅.易地扶贫搬迁对农户减贫效应实证分析——基于赣南原中央苏区农户的调研[J].农林经济管理学报,2016(6):632-640.

[119]汪磊,汪霞.易地扶贫搬迁前后农户生计资本演化及其对增收的贡献度分析——基于贵州省的调查研究[J].探索,2016(6):93-98.

[120]史玉丁,李建军.乡村旅游多功能发展与农村可持续生计协同研究

[J]. 旅游学刊,2018,33(02):15-26.

[121]吴孔森,杨新军,尹莎.环境变化影响下农户生计选择与可持续性研究——以民勤绿洲社区为例[J].经济地理,2016,36(09):141-149.

[122]贺爱琳,杨新军,陈佳等.乡村旅游发展对农户生计的影响——以秦岭北麓乡村旅游地为例[J].经济地理,2014,(12):174-181.

[123]陈佳,张丽琼,杨新军等.乡村旅游开发对农户生计和社区旅游效应的影响——旅游开发模式视角的案例实证[J].地理研究,2017,36(09):1709-1724.

[124]席建超,张楠.乡村旅游聚落农户生计模式演化研究—野三坡旅游区苟各庄村案例实证[J]. 旅游学刊,2016(07):65-75.

[125]左冰,陈威博.旅游度假区开发对拆迁村民生计状况影响——以珠海长隆国际海洋度假区为例[J].热带地理,2016,36(05):776-785.

[126]孔祥智,钟真,原梅生.乡村旅游业对农户生计的影响分析——以山西三个景区为例[J].经济问题,2008,341(01):115-119.

[127]方修琦,殷培红.弹性、脆弱性和适应:IHDP三个核心概念综述[J].地理科学进展,2007,26(5): 11-22.

[128]崔胜辉,李旋旗,李扬,等. 全球变化背景下的适应性研究综述[J].地理科学进展,2011,30(09):1088-1098.

[129]侯向阳,韩颖.内蒙古典型地区牧户气候变化感知与适应的实证研究[J].地理研究,2011, 0(10): 1753-1764.

[130]陈佳,杨新军,王子侨,张立新.乡村旅游社会-生态系统脆弱性及影响机理——基于秦岭景区农户调查数据的分析[J].旅游学刊,2015,30(03):64-75.

[131]蔡晶晶,吴希.社会—生态系统脆弱性视角下乡村旅游对贫困农户生计的影响——以福建省永春县北溪村为例[J].台湾农业探索,2018(02):9-17.

[132]石育中,王俊,王子侨,鲁大铭,杨新军.农户尺度的黄土高原乡村干旱脆弱性及适应机理[J].地理科学进展,2017,36(10):1281-1293.

[133]吴吉林,刘水良,周春山.乡村旅游发展背景下传统村落农户适应性研究——以张家界4个村为例[J].经济地理,2017,37(12):232-240.

[134]仇方道,佟连军,姜萌.东北地区矿业城市产业生态系统适应性评价[J]. 地理研究,2011,30(02):243-255.

[135]喻忠磊,杨新军,杨涛.乡村农户适应旅游发展的模式及影响机制——以秦岭金丝峡景区为例[J].地理学报,2013,68(08):1143-1156.

[136]尹莎,陈佳,吴孔森.干旱环境胁迫下农户适应性研究:基于民勤绿洲地区农户调查数据[J].地理科学进展,2016,35(5):644-654.

[137]陈凤臻,姜琦刚,于显双,崔瀚文.全球变化下北方农牧交错地带区域适应能力评价模型研究[J].地球科学与环境学报,2010,32(03):292-296.

[138]马静,舒伯阳.中国乡村旅游30年:政策取向、反思及优化[J].现代经济探讨,2020(04):116-122.

[139]吴梦兰,盛典,许昊旻.基于乡村振兴战略下美丽乡村建设存在的问题与对策——以湖北省武汉市蔡甸区为例[J].全国流通经济,2020(11):114-116.

[140]李会琴,王林,宋慧冰,熊剑平.湖北省乡村旅游资源分类与评价研究[J].国土资源科技管理,2016,33(05):26-31.

[141]中国政府网[EB/OL].http://www.gov.cn/xinwen/2018-09/26/content_5325346.htm.

[142]杨辉鹏.基于ArcGIS的一村一品示范村镇农产品流通研究——以湖北省一村一品示范村镇为研究对象[J].黄冈职业技术学院学报,2018,20(06):104-108.

[143]杨义菊.湖北省乡村旅游扶贫现状与对策研究[J].当代经济,2020(01):92-95.

[144]陈娟,胡丹丹.湖北省乡村旅游扶贫政策执行分析——基于史密斯模型[J].决策与信息,2019(10):100-107.

[145]陈卫,黄秀娟.农户参与乡村旅游经营活动的影响因素分析——以福建省4市14村旅游扶贫点为例[J].台湾农业探索,2019(03):17-21.

[146] YIN R K.The case study crisis:Some answers[J].Administrative Science Quarterly, 1981, 26:58-65.

[147] Bill Bramwell, Bernard Lane. Rural Tourism and Sustainable Rural Development [M]. UK:Channel View Publications, 1994:1-55.

[148] Rowntree B S. Poverty: A Study of Town Life. London: Macmillan, 1901.

[149] Tandia D, Havard M. The evolution of thinking about poverty: Exploring the interactions. General Information, 1999, 55(6): 957-963.

［150］UNDP. Human Development Report 1990: Concept and Measurement of Human Development. New York and Oxford:Oxford University Press, 1990.

［151］Alkire S, Foster J. Counting and multidimensional poverty measurement. Journal of Public Economics, 2011, 95(7-8):476-487.

［152］Alkire S, Foster J. Understandings and misunderstandings of multidimensional poverty measurement. Journal of Economic Inequality, 2011, 9(2): 289-314.

［153］Sen A. Commodities and Capabilities. The Canadian Journal of Economics, 1987, 20(1): 198-201.

［154］CHARNES A,COOPER W W,RHODES E. Measuring the efficiency of decision making units［J］.European Journal of Operational Research, 1978(2):429-444.

［155］BANKER R D, CHARNES A,COOPER W W. Some models for estimating technical and scale inefficiences in data envelopment analysis［J］. Management Science,1984(8):533-536.

［156］GOSSLINU S, PESTERS P, CERON J P,et al.The eco-efficiency of tourism［J］.Ecological Economics,2001:17-23.

［157］BECKEN S, PATTERSON M. Measuring national carbon dioxide emissions from tourism as a key step towards achieving sustainable tourism［J］.Journal of Sustainablee Tourism, 2006,(1):323-338.

［158］KoNAN DK,CHAN H L. Greenhouse gas emissions in Hawaii: household and visitor expenditure analysis［J］.Energy Economics, 2010,32(1);210-219.

［159］Ashley C, Roe D, Goodwin H.Pro-poor tourism strategies: Making tourism work for the poor,a review of experience［R/OL］.［2014-09-18］.Overseas Development Institute (ODI）, International Institutefor Environment and Development (IIED）, Center for Responsible Tourism (CRT). Pro-poor tourism report, No. 1 (2001.4).

［160］Samuel Kareithi. Coping with Declining Tourism, Examples from Communities in Kenya［R］.PPT Working Paper No. 13. 2003.

［161］Simpson M C. Community benefit tourism initiatives-A conceptual oxymoron?［J］. Tourism Management, 2008,29(1):1-18.

[162]RAMWELL E. Priorities in sustainable tourism research[J]. Journal of Sustainable Tourism,2008,16(1) : 1 - 5.

[163]CROES R, RIVER M A.Tourism's potential to benefit the poor: A social accounting matrix model applied to Ecuador[J]. Tourism Economics, 2017, 23(1) : 29-48.

[164]MENSAH E A, AMUQUANDOH F E. Poverty reduction through tourism: Residents'perspectives[J]. Journal of Travel and Tourism Research, 2010(spring / Fall) : 77-96.

[165]SOFIELD T, BAUER J, LACY T, et al. Sustainable tourism-eliminating poverty (ST- EP) : An Overview. Madrid: WorldTourism Organization (WTO) , 2004.

[166]JORDI G.Pro-poor tourism as a strategy to fight rural poverty:A critique [J].Journal of Agarian Change, 2015, 15 (4):499-518.

[167]ASHLEY C, ROE D, GOODWIN H. Pro-poor tourism strategies: Making tourism work for the poor: A review of experience[M]. London: ODI, IIED, CRT, 2001: 22 - 23.

[168]ROGERSON C M. Tourism and local economic development:The case of the Highlands Meander[J]. Development Southern Africa,2002,19(1) : 143 - 167.

[169]Chambers.R. Sustainable Rural Livelihoods:A Strategy for People,Environment, and Development [M]. InstituteofDevelopment Studies at theUniversityofSussex,1987.

[170] Solesbury, W. (2003). Sustainable livelihoods: A case study of the evolution of DFID policy (No. ODI Working Paper 217). London: ODI.

[171] Chambers R, Conway G. Sustainable Rural Livelihoods: Practical Concepts for the 21st Century[R]. Brighton:IDS Discussion Paper 296,1992.

[172] Ellis, F. (2000). Rural livelihoods and diversity in developing countries. Oxford ; New York,NY: Oxford University Press.

[173] Srijuntrapun P. A Sustainable Livelihood Approach in a World Heritage Area: Ayutthaya,Thailand[D]. Lincoln:Lincoln University,2012.

[174] Lautze S. Humanitarian action, livelihoods, and socio-cultural dynamics in Uganda: an exploration of theoretical considerations for impact evaluation[J]. Energy Sources, 2009, 26(9):841-848.

[175] DFID. Sustainable Livelihoods Guidance Sheets[R]. London: Department for International Development, 2000.

[176] Snider R. Land Tenure, Ecotourism, and Sustainable Livelihoods:Living on the Edge'of the Greater Maasai Mara, Kenya[D]. Waterloo :University of Waterloo, 2012.

[177] Khalil S. Impacts of climate change on marginalized communities, tourism and their sustainable livelihood in a developing economy [J]. Sustainable Tourism, 2016, 201: 91-101.

[178] Farrell B, Twining W L. Reconceptualizing tourism.Annals of Tourism Research, 2004, 31(2): 274-295.

[179] Eddins E A. A Sustainable Livelihoods Approach to Volunteer Tourism: the Roles of the Host Community and an Alternative Break Program in Achiote, Panama[D]. Colorado: Colorado State University, 2013.

[180] Soltani A, Angelsen A, Eid T, et al. Poverty, sustainability, and household livelihood strategies in Zagros, Iran [J]. Ecological Economics, 2012(79): 60-70.

[181] Scoones I. Sustainable Rural Livelihoods :AFramework for Analysis[R]. Brighton:IDS Working Paper 72, 1998.

[182] Ming Ming Su, Geoffrey Wall, Yanan Wang, Min Jin. Livelihood Sustainability in a Rural Tourism Destination – Hetu Town, Anhui Province, China[J]. Tourism Management, 2019, 71.

[183] Cheng Qian, Nophea Sasaki, Damien Jourdain, Sohee Minsun Kim, P.Ganesh Shivakoti. Local Livelihood Under Different Governances of Tourism Development in China – A case Study of Huangshan Mountain Area[J]. Tourism Management, 2017, 61.

[184] Aby Sene-Harper, David Matarrita-Cascante, Lincoln R.Larson. Leveraging Local Livelihood Strategies to Support Conservation and Development in West Africa[J]. Environmental Development, 2019, 29(10):56-62.

[185]Maldonado J H, R.del Pilar Moreno-Sánchez. Estimating the Adaptive Capacity of Local Communities at Marine Protected Areas in Latin America: a Practical Approach[J].Ecology and Society, 2014, 19 (1): 1 -16.

[186]Brooks N, Adger W N, Kelly P M. The Determinants of Vulnerability and Adaptive Capacity at the National Level and the Implications for Adaptation[J].Global Environmental Change, 2005, 15(2): 151-163.

[187]Below T B, Mutabazi K D, Kirschke D, et al.Can Farmers' adaptation to Climate Change be Explained by Socio-economic Household-level Variables [J]. Global Environmental Change, 2012, 22:223-235.

[188] Thylstrup A W. Livelihood Resilience and Adaptive Capacity: Tracing Changes in Household Access to Capital in Central Vietnam[J].World Development, 2015, 74:352-362.

[189]Gupta J, Termeer C, Klostermann J, et al. The Adaptive Capacity Wheel: A Method to Assess the Inherent Characteristics of Institutions to Enable the Adaptive Capacity of Society[J]. Environmental Science & Policy, 2010, 13(6): 459-471.

[190]Coleman E A.Common Property Rights, Adaptive Capacity, and Response to Rorest Disturbance[J].Golbal Environmental Change, 2011, 21:855-865.

[191]Pandey V P, Babel M S, Shrestha S, et al.A Famework to Assess Adaptive Capacity of the Water Resources System in Nepalese River Basins[J]. Ecological Indicators, 2011(2): 480-488.

项目策划：段向民

责任编辑：孙妍峰

责任印制：孙颖慧

封面设计：武爱听

图书在版编目（ＣＩＰ）数据

乡村振兴战略下湖北省旅游扶贫研究 / 李会琴，杨树旺著 . -- 北京 : 中国旅游出版社 , 2020.12

ISBN 978-7-5032-6541-9

Ⅰ . ①乡… Ⅱ . ①李…②杨… Ⅲ . ①乡村旅游—旅游业发展—扶贫—研究—湖北 Ⅳ . ① F592.763

中国版本图书馆 CIP 数据核字 (2020) 第 149058 号

书　　名：乡村振兴战略下湖北省旅游扶贫研究

作　　者：李会琴　杨树旺　著

出版发行：中国旅游出版社

（北京静安东里 6 号　邮编：100028）

http://www.cttp.net.cn　E-mail:cttp@mct.gov.cn

营销中心电话：010-57377108，010-57377109

读者服务部电话：010-57377151

排　　版：小武工作室

经　　销：全国各地新华书店

印　　刷：北京盛华达印刷科技有限公司

版　　次：2020 年 12 月第 1 版　2020 年 12 月第 1 次印刷

开　　本：720 毫米 × 970 毫米　1/16

印　　张：9.75

字　　数：151 千

定　　价：49.80 元

ISBN　978-7-5032-6541-9